아브라함은 왜 고향을 떠나야 했을까?
아브라함은 어떻게 이삭을 바치려 했을까?
진짜 믿음이란 무엇일까?

아브라함, 믿음을 말하다

Abraham, Speaks Faith

조재욱 지음

기독교문서선교회

기독교문서선교회(Christian Literature Center: 약칭 CLC)는 1941년 영국 콜체스터에서 켄 아담스에 의해 시작되었으며 국제 본부는 미국 필라델피아에 있습니다.

국제 CLC는 59개 나라에서 180개의 본부를 두고, 약 650여 명의 선교사들이 이동도서차량 40대를 이용하여 문서 보급에 힘쓰고 있으며 이메일 주문을 통해 130여 국으로 책을 공급하고 있습니다.

한국 CLC는 청교도적 복음주의 신학과 신앙서적을 출판하는 문서선교 기관으로서, 한 영혼이라도 구원되길 소망하면서 주님이 오시는 그날까지 최선을 다할 것입니다.

Abraham, Speaks Faith

Written by
Jo Jae Wook

Korean Edition
Copyright © 2017 by Christian Literature Center
Seoul, Korea

추천사 1

송태근 목사
삼일교회 담임

창세기에서 아브라함 이야기는 중요한 위치를 차지한다. 왜냐하면 아브라함으로부터 시작되는 약속의 자손, 약속의 땅은 구약 전체의 핵심 주제이자 신약으로 이어지는 주제이기 때문이다. 하지만 중요성에 비해 그동안 아브라함 이야기는 깊이 있으면서도 이해하기 쉽게 다뤄지지 못했다. 이런 때 본서 『이브라함, 믿음을 말하다』는 한국 교회에 시의적절하고 반가운 책이다.

본서는 아브라함 내러티브에 담긴 원어적 의미와 함께 당시의 배경을 심도 있게 고찰한다. 아브라함은 창세기 12장에서 하나님의 약속을 받는다. 그러나 그는 여전히 갈 바를 알지 못한다. 언제 가야 할지, 어디로 가야 할지, 무엇을 해야 할지, 어떻게 해야 할지 전혀 모르는 상황 속에서 계속해서 걸어간다. 그는 믿음의 조상이라는 말이 무색할 정도로 우리처럼 두려워한다. 여전히 세상 앞에 걱정이 많다. 그러나 오랜 기다림 끝에 약속의 자손을 얻게 되고 그 후의 그의 삶은 하나님을 두려워하는 사람이 된다. 그리고 그의 신앙은 이삭을 번제로 바치는 장면에서 그의 온 삶을 통해 확인된다.

오늘날 성도들도 여전히 높아 보이는 세상의 벽 앞에서 두려워하지만, 본서를 통해 세상이 아닌 하나님을 경외하도록 만드시는 하나님을 만나길 바란다. 어제나 오늘이나 동일하신 하나님을 본서를 통해 만나길 바란다.

추천사 2

임용섭 박사
한세대학교 구약학 교수, 군산영광교회 담임목사

　마태는 우리 믿음의 주요, 성경의 중심이신 예수 그리스도를 소개하면서 다윗과 더불어 아브라함을 꼽으며 예수 그리스도에 대한 복음을 제시한다(마 1:1). 그 만큼 아브라함은 중요하다. 그래서 아브라함을 안다는 것은 단지 한 인물을 아는 것이 아니라, 예수 그리스도를 정점으로 이루어지는 하나님의 나라의 계시와 역사를 이해하는 중요한 단초를 쌓는 것이다.

　본서는 아브라함의 삶을 다루지만 단순히 그 개인의 인물 됨됨이에 초점을 맞추지 않고, 아브라함과 함께하시며 그의 삶을 인도하시는 신실하신 하나님에게 초점을 맞춘다. 그리고 그를 통해 이루시는 하나님 나라의 역사를 보게 한다.

　동시에 저자는 그것을 단지 과거의 역사로만 말하지 않고 그 이야기를 우리들의 일상적인 삶에 연결시킨다. 그것도 아주 쉬운 언어로 펼쳐 낸다. 그래서 본서를 읽는 독자는 아브라함의 기사가 단지 오래 전 먼 나라의 어떤 인물에 대한 이야기가 아니라 마치 오늘날 우리의 이야기를 보는 듯한 느낌을 받게 될 것이다.

　많은 독자들이 본서를 통해서 아브라함이 만났던 하나님을 만나기를 원한다. 왜냐하면 아브라함의 하나님은 지금 이 순간에도 우리와 함께하시며 그 나라의 역사를 이루어 가시기 때문이다.

머리말

조재욱 목사

　아브라함은 교회를 다니는 사람이라면 누구라도 잘 아는 인물입니다. 그리고 이런 아브라함을 이야기할 때마다 그를 따라다니는 수식어는 바로 믿음입니다. 하나님의 말씀에 순종하여 고향과 본토 친척을 과감히 떠나는 모습과 하나님의 말씀을 따라 하나밖에 없는 아들 이삭을 바치는 그의 모습, 이런 모습들이 흔히 우리가 생각하는 아브라함의 믿음에 대한 이미지일 것입니다.

　하지만 사실 조금만 생각해 보면 하나님의 말씀을 따라 고향을 과감히 떠나는 그의 모습이나, 노년에 겨우 얻은 하나밖에 없는 아들 이삭을 제물로 바치는 아브라함의 모습을 믿음이라고 부르기에는 어려운 부분이 있습니다. 왜냐하면 믿음이라는 것은 먼저는 믿는 대상이 있어야 하고, 어떠한 것을 믿는지에 대한 이유와 동기가 수반되어야 하기 때문입니다.

　그러므로 아브라함이 하나님의 말씀을 따라 고향을 과감히 떠났다거나, 하나밖에 없는 아들 이삭을 바쳤다는 것은 믿음에 따른 결과적 행동이지 그것 자체를 두고 믿음이라고 할 수는 없는 것입니다. 그런데 우리는 우리도 모르는 사이 믿음을 이러한 것으로 생각하고 받아들였습니다. 즉 자식을 바치라는 말씀까지 군말 없이 순종하는 것, 밑도 끝도 없이 떠나라는 하나님의 말씀 한마디에 고민 없이 과감히 따르는 것으로 말입니다. 그러다 보니 많은 신앙인들이 '믿음 = 맹목적인 순종'으로 이해하곤 합니다. 분명 믿음이 순종이라는 열매를 가지고 오기는 하지만 맹목적인 순종과는 분명 다릅니다. 믿음은 그렇게 간단하고 단순하지 않습니다.

오히려 믿음은 어떤 때는 명확히 알 것 같다가도 어떤 때는 다시 흐릿해지고, 어떤 때는 결코 흔들리지 않을 것처럼 확고하다가도 삶 속에서 돌연히 찾아오는 작은 바람에 흔들리기도 합니다.

그렇다면 도대체 하나님이 원하시고 기뻐하시며 확고하면서도 어떠한 거센 풍파와 바람에도 흔들리지 않은 그런 믿음은 어떤 것일까요?

여기에 대한 성경의 답이 바로 아브라함입니다. 그런데 사실 아브라함의 인생길을 살펴보면 그의 믿음이 생각보다 대단치 않았다는 것을 쉽게 알 수 있습니다. 그는 하나님이 약속하신 땅을 벗어나기 일쑤였고, 하나님의 말씀을 믿지 못해 인간적인 수단과 방법을 동원하곤 했으며, 그는 일생의 대부분을 하나님을 경외하기보다는 자신이 처한 환경과 상황을 더 두려워하던 사람이었습니다.

하지만 이런 아브라함의 흔들림과 연약함에도 불구하고 항상 그의 곁에는 일관되고 신실하신 하나님이 계셨습니다. 비록 아브라함은 우리와 같이 연약한 한 인간이었고 죄인에 불과했을지 몰라도 그의 인생에 찾아오신 하나님은 아브라함의 인생에 간섭하시고 그의 믿음을 붙잡아 가신 것입니다. 그래서 아브라함의 인생길은 '아브라함의 믿음'을 말하는 길이 아니라, 아브라함을 통하여 하나님이 어떻게 우리의 인생과 신앙 여정에서 믿음을 만들어 가시고 다듬어 가시는지를 보여 주는 '믿음의 여정'이라 할 수 있습니다.

본서의 제목을 "아브라함의 믿음을 말하다"가 아니라 『아브라함, 믿음을 말하다』로 정한 이유도 바로 이것입니다.

아브라함의 신앙의 여정을 살펴보다 보면 그의 여정 하나하나가 오늘날 우리의 신앙의 여정과 많은 부분에서 닮았다는 생각을 하게 됩니다. 왜냐하면 수천 년 전에 벌어진 역사적 사건임에도 불구하고 아브라함이 하나님께 가졌던 의문과 하나님을 향해 던졌던 질문들 그리고 그가 가졌던 신앙의 딜레마들이 오늘날 우리의 것과 결코 다르지 않기 때문입니다. 아마 독자분들도 본서를 읽어가면서 충분히 같은 느낌을 받으실 것이라 생각합니다.

또한 아브라함의 신앙 여정을 통해 하나님의 시간은 참으로 길다는 것을 느끼게 됩니다. 오늘날에도 대부분의 경우 항상 조급해 하는 것은 '나'인 경우를 볼 때가 많습니다. 우리는 지금 당장 내 앞에 결과가 나왔으면 좋겠고, 빠른 시일 내에 하나님이 나에게 응답하셨으면 좋겠으며, 당장에 하나님이 나에게 하나님의 뜻을 알려 주시기를 원하지만, 그에 비해 하나님은 항상 느긋하십니다. 하지만 우리는 언젠가 나에겐 한없이 길게만 느껴지던 그 시간 속에서도 하나님은 우직하게 하나님의 일을 해 나가시고 계셨다는 것을 알게 될 것입니다.

저는 이런 하나님의 일하심을 보면서 믿음은 결국 '하나님의 시간에 나의 시간을 맞추는 것은 아닐까?'라는 생각을 했습니다. 하나님의 길고 긴 인내의 터널 속에서 결국 우리의 믿음이 연단되고 자라나며 굳세게 서는 것을 아브라함의 인생길을 통하여 독자분들도 보게 될 것입니다.

본서가 나오기까지 많은 분들의 도움이 있었습니다. 먼저는 책의 첫 시작점과 함께했던 람원교회 목요성경공부반 성도님들에게 감사의 말씀을 드립니다. 아브라함의 여정을 한 장, 한 장 살피며 함께 울고 웃으면서 하나님의 은혜를 나누었던 그 시간은 결코 잊을 수 없을 것입니다. 그리고 본서에 부족함이 넘침에도 불구하고 추천해 주신 송태근 목사님과 임용섭 교수님께 감사를 드립니다.

제가 개인적으로 구약에 관심을 가지고 흥미를 가지게 된 계기는 바로 대학교 시절 임용섭 교수님께 들었던 구약개요와 출애굽기 수업이었습니다. 아직도 그 때에 성경을 읽으며 가졌던 궁금증을 가지고 교수님께 여쭙고 공부했던 시간들이 생생하기만 합니다.

제가 가장 좋아하는 설교자이면서 존경하는 목회자인 송태근 목사님께서는 삼일교회에서의 짧은 인턴시절 저에게 많은 목회적 가르침을 주신 분이십니다. 지금도 사역의 현장에서 사역을 감당할 때 교역자 경건회 시간에 목사님께서 하셨던 그 교훈들이 저에게 큰 거름이 되는 것을 느낍니다.

또한 본서가 나오기까지 곁에서 많은 조언과 힘이 되어준 신학의 동역자이자, 동생인 한준에게 감사합니다. 항상 저에게 성경 연구와 말씀에 도전을 주며 하나님의 말씀 앞에 씨름하는 그를 볼 때마다 저 또한 다시 힘을 얻곤 합니다.

저의 사랑하는 가족들에게도 감사의 말씀을 드리고 싶습니다. 목회자의 길을 걸어가는 아들을 위해 묵묵히 뒤에서 기도하시는 어머님과 아버님, 그리고 동생 동욱이에게 감사합니다.

　마지막으로 당신을 향한 저의 수많은 원망과 삿대질 그리고 천둥벌거숭이 같은 철없음에도 불구하고 묵묵히 저를 지키시고 함께하신 하나님 아버지께 감사를 드립니다. 하나님이 저에게 보여 주신 은혜와 사랑 그리고 삶의 경험들이 본서를 쓰는 데 가장 큰 도움이 될 수 있었습니다.

CONTENTS

추천사 1 송태근 목사(삼일교회 담임) ... 5
추천사 2 임용섭 박사(한세대학교 구약학 교수, 군산영광교회 담임목사) ... 7
머리말 ... 9

제1장 이야기의 서막 ... 17
1. 족보 속에 새겨진 은혜 ... 17
2. 떠내어진 반석 ... 24

제2장 여정의 시작 ... 29
1. 믿어야 보인다 ... 29
2. 땅, 자손, 주권 ... 33
3. 제단을 쌓고 ... 39
4. 하나님의 땅에도 가뭄은 온다 ... 41
5. 애굽에서 만난 하나님 ... 45

제3장 다른 길을 가다 ... 47
1. 출애굽 ... 47
2. '나싸' 인생, '마싸' 인생 ... 50
3. 갈라서다 ... 57
4. 다시 한 번 더 ... 60

제4장 전쟁 이야기   63
1. 인류의 첫 전쟁 이야기   63
2. 동쪽 연합군 vs 서쪽 연합군   65
3. 믿을 수 없는 승리   67
4. 제사장 멜기세덱   69
5. '아샤르'와 '마아쉐르'   74

제5장 갈라지신 하나님   79
1. 선지자 아브람   80
2. 아브람의 믿음   81
3. 하나님의 희생 언약   85

제6장 사래와 하갈   94
1. 여전한 불임   94
2. 기다림의 미학   98
3. 또 다른 타락   101
4. 그래도 하나님은 신실하시다   104
5. 들으시는 하나님   107

제7장 아브람에서 아브라함으로   111
1. 하나님의 침묵   111
2. 하나님의 때   115
3. 이름을 바꾸시는 하나님   118
4. 마음의 할례   122

제8장 멀어져 간 두 사람   126
1. 두 사람   126
2. 둘 다는 없다   134
3. 두 후손 이야기   138
4. 중보자가 된 아브라함 그리고 참 중보자이신 예수   141

제9장 두 번째 도망   144
1. 다시 도망가다   144
2. 바로 잡으시는 하나님   148
3. 소망을 주시는 하나님   153

제10장 이삭의 탄생   156
1. 이루어 내시는 하나님   156
2. 믿음의 이별   159
3. 아브라함과 아비멜렉   163

제11장 하나님의 바라보심   167

제 1 장

이야기의 서막

1. 족보 속에 새겨진 은혜

흔히 아브라함 하면, 그 이야기의 시작을 창세기 12장으로 보곤 합니다. 우리가 잘 아는, 하나님이 아브라함을 불러 내시고 말씀하시는 장면이 바로 12장에서부터 시작하기 때문입니다. 하지만 우리가 아브라함의 이야기를 더 풍성하게 이해하기 위해서는 좀 더 올라가 11장에서부터 살펴보아야 합니다. 왜냐하면 아브라함의 등장은 갑자기 어느 한 순간에 이루어진 것이 아니라 11장의 연장선 속에서 등장하기 때문입니다.

창세기 11장은 성경에서도 유명한 이야기 중에 하나인 바벨탑 이야기로 시작합니다.

단순히 탑을 쌓은 것밖에 없어 보이는 바벨탑이 왜 죄일까요?

바벨탑은 단순히 높은 탑을 쌓은 것이 아니었습니다. 타락한 인간들이 모여 하나님의 뜻을 거슬러 하나님을 대적하기로 한 사건이 바로 바벨탑이었습니다. 그리고 결국 바벨탑에 나타난 인간의 죄악을 보신 하나님이 온 민족을 지면 가운데 흩으시고 언어를 나누어 버리신 것입니다. 그런데 바벨탑 이야기가 끝난 후 성경은 흐름상 생뚱맞아 보이는 노아의 아들 중 하나였던 셈의 족보를 설명해 줍니다.

우리가 성경을 읽다 보면 간혹 성경 중간 중간에 등장하는 족보를 보기는 합니다만 대개는 대수롭지 않게 그냥 쭉 읽고 넘어가 버립니다.

왜 그렇습니까?

'누가 누구를 낳고, 누가 누구를 낳고'라는 말만 반복되는 족보가 성경을 볼 때 큰 의미가 없어 보이기 때문입니다. 때로는 성경을 읽는 데 이러한 족보가 오히려 불편함만 더해 주는 것처럼 보이기도 합니다. 하지만 모든 성경이 그렇듯 족보 또한 분명한 의미와 의도를 가지고 성경에 쓰여 있습니다. 성경에서 족보의 기능은 일반적으로 우리는 아는 한, 집안의 내력을 알려주는 것 이상의 역할을 담당합니다.

창세기만 봐도 창세기에서는 총 10번의 족보가 등장하는데 이 족보들은 하나의 이야기가 결론을 맺고 난 후, 다음 이야기로 넘어갈 때 둘 사이의 가교 역할을 해 주는 것을 볼 수 있습니다. 또한 성경의 족보는 시간이 흐르면서 세대는 변하지만 각각의 시대와 세대 속에서도 일관되게 역사를 주관하시고 이끌어 가시는 분은 오직 하나님이심을 보여 줍니다. 그래서 성경에서 족보는 단순히 한 집안의 내력을 알려주는 정보 제공의 역할을 넘어선 또 다른 이야기라고도 볼 수 있습니다.

창세기 11장에서 나타난 셈의 족보도 마찬가지입니다. 11장의 족보를 쭉 따라 읽어가다 보면 그 마지막에 아브라함이 등장하는 것을 알 수 있습니다. 그러니까 11장의 족보는 아브라함이라는 새 시대의 등장인물을 보여 주기 위한 창인 것입니다. 창세기에서 처음으로 등장하는 족보 또한 마찬가지입니다. 창세기 5장을 보면 성경에서 등장하는 첫 번째 족보가 인류의 조상인 아담의 족보인 것을 볼 수 있습니다. 이때 아담의 족보를 훑어가다 보면 그 마지막에 노아가 등장합니다. 그러니까 아담의 족보를 통해서 성경은 앞으로 등장할 새 시대의 인물인 노아를 예고해 주는 것입니다.

그런데 이때 창세기 5장에서 등장하는 아담의 족보와 11장에서 등장하는 셈의 족보 사이에는 중요한 공통점이 몇 가지 존재합니다.

첫째, 두 족보에서 주인공 역할을 하는 노아와 아브라함이 모두 족보의 10대째에 해당하는 자손이라는 것입니다.

둘째, 각 족보에서 10대에 속하는 노아와 아브라함 모두에게 하나님의 약속이 주어진다는 것입니다. 먼저 아담의 10대손인 노아에게 주신 하나님의 약속은 홍수로 온 세상을 심판하신 이후 앞으로 다시는 그와 같은 심판을 하지 않겠노라는 것이었습니다.

> 내가 너희와 언약을 세우리니 다시는 모든 생물을 홍수로 멸하지 아니할 것이라 땅을 멸할 홍수가 다시 있지 아니하리라(창 9:11).

그리고 셈의 10대손인 아브라함에게 주어진 하나님의 약속은 '그를 복의 근원으로 삼아 주시겠노라'입니다.

> **내가 너로 큰 민족을 이루고 네게 복을 주어 네 이름을 창대하게 하리니 너는 복이 될지라**(창 12:2).

그러니까 각 족보의 10대에 속하는 노아와 아브라함 모두에게 하나님은 언약을 맺고자 하신 것입니다. 그런데 이때 아담과 노아 사이에는 각 족보의 10대손이라는 공통점과 하나님의 언약이 주어졌다는 공통점 외에 차이점도 존재하는 것을 볼 수 있습니다. 실은 이 차이점이 더 중요합니다. 공통점은 오히려 차이점을 부각시키기 위한 도구일 뿐입니다.

먼저 노아에게 주신 하나님의 약속을 보면 그 배경이 하나님이 홍수로 타락한 세상을 심판하신 이후에 주신 약속인 것을 볼 수 있습니다. 이 약속이 바로 우리가 잘 아는 무지개 약속입니다. 그래서 무지개 약속은 그 안에 홍수 심판을 전제로 한 약속임을 알 수 있습니다.

반면에 아브라함에게 주신 하나님의 약속은 바벨탑이라는 반복된 인류의 타락 속에서 주어진 약속이지만 심판이라는 요소를 전제하고 있지 않는 것을 볼 수 있습니다. 물론 하나님이 바벨탑에 모인 인류를 지면 곳곳으로 흩으시긴 했지만 홍수 심판과 같이 인류의 생사를 결정짓는 심판은 하시지 않는 것입니다. 대신 하나님은 바벨탑의 죄악을 보시고 홍수 심판과는 다른 방법을 하나 택하십니다. 즉 아브라함이라는 한 인물을 택하여 부르시기로 계획하신 것입니다. 그리고 바로 여기에 하나님이 아브라함을 택하여 부르신 중요한 의미가 담겨 있습니다.

바벨탑의 죄악이 무엇입니까?

바벨탑은 단순히 탑을 높게 쌓은 사건이 아닙니다. 바벨탑의 죄악은 타락한 인류가 하나님 없이도 살 수 있는 자기들의 나라를 건설하고자 한 것이었습니다. 인간이 힘을 모아 하나로 뭉치면 하나님 없이도 잘 살 수 있다고 생각한 것이 바로 바벨탑이었습니다.

결국 바벨탑의 범죄는 에덴 동산의 범죄와 동일한 하나님 없음을 추구한 인류가 스스로 주인 된 삶을 살고자 한 죄였습니다. 아담의 타락 이후 인간은 끊임없이 하나님 없음을 추구하는 죄인들이 되어 버린 것입니다. 그리고 이 타락한 인간의 결과가 바로 하나님 없이도 살 수 있는 나라, 스스로가 주인 된 자신들만의 나라를 건설하고자 하는 바벨탑의 욕망으로 터져 나온 것입니다.

타락한 이래로 소망이 없는 인류는 계속해서 하나님으로부터 멀어져만 갔습니다. 그러다가 종국에는 바벨에 모여 탑을 쌓고 하나님 없이도 살 수 있는 자신들만의 나라를 건설하려는 지경에까지 이른 것입니다. 이에 인간의 죄악된 한계를 보신 하나님이 하나님을 주인으로 삼으며 하나님을 섬기는 하나님의 나라를 직접 건설하고자 계획하십니다. 그리고 그 시작으로 갈대아 우르에 살던 존재감 없는 인생인 아브람이라는 한 인물을 택하여 부르시는 것입니다. 그래서 아브라함을 향한 하나님의 언약은 단순히 한 개인을 향한 언약이 아니었습니다.

우리는 흔히 아브라함을 향한 하나님의 언약과 관계를 개인적인 차원에서 이해하곤 합니다. 즉 하나님은 아브라함에게 명령을 하셨고 아브라함은 이 하나님의 명령에 순종하고 하나님의 뜻을 따랐기 때문에 그가 복을 받고 그의 인생이 속된 말로 '팔자가 폈다'고 생각하는 것입니다. 그러나 하나님이 아브라함에게 하신 약속과 명령은 결코 한 사람의 영달과 축복을 위한 것이 아니었습니다. 하나님이 아브라함을 부르신 부름 속에는 '하나님 나라'라는 하나님의 통치가 살아 있는 새로운 국가를 향한 선언이 담겨져 있던 것입니다.

그리고 그 시작으로 하나님은 갈대아 우르에서 우상을 섬기며 살던 소망 없는 한 인생을 택하여 부르신 것입니다. 우르는 고대로부터 달을 신으로 섬기면서 살던 지역이었습니다. 그리고 아브라함 또한 이 우상의 문화 속에서 다른 이들과 크게 다를 바 없이 살아가던 인생이었습니다.

> 여호와께서 이같이 말씀하시기를 옛적에 너희의 조상들 곧 아브라함의 아버지, 나홀의 아버지 데라가 강 저쪽에 거주하여 다른 신들을 섬겼으나(수 24:2).

그런데 어느 날 하나님은 이 죄악된 세상 속에 우상을 섬기며 살던 아브람을 일방적으로 불러 내십니다. 그래서 아브라함을 향한 하나님의 부르심을 보면 그 안에는 은혜라는 그림이 그려져 있는 것을 알 수 있습니다. 이를 잘 보여 주는 장면이 바로 아브라함의 아내인 사래에 대한 성경의 묘사입니다. 10장에서 등장하는 셈의 족보를 좀 더 살펴가다 보면 30절에서 아브라함의 아내인 사래에 대한 설명이 나오는 것을 볼 수 있습니다. 그런데 이때 사래에 대한 설명이 다음과 같습니다.

> 사래는 임신하지 못하므로 자식이 없었더라(창 11:30).

기본적으로 족보의 기능은 자손을 낳는 것에 있습니다. 왜냐하면 족보는 말 그대로 한 집안의 씨가 다음 세대로 이어지는 것에 초점을 두고 있기 때문입니다. 그래서 10장의 족보만 봐도 "낳았으며"라는 말이 계속해서 반복되는 것을 볼 수 있습니다. 그런데 이 낳고 낳던 족보가 사래 때에 와서는 갑자기 "자식이 없었다"는 말로 바뀌어 버립니다. 아브라함 대에서 자칫 족보가 끊어질 큰 위기가 생긴 것입니다.

고대 사회에서 자녀를 생산하지 못하는 것은 단순한 불임을 넘어서 신의 저주라고까지 생각했습니다. 그러니까 당시 시대적인 상황에서 볼 때 아브람과 사래의 가정은 이유는 알 수 없지만 불임이라는 저주 가운데 속해있었던 것입니다. 그런데 하나님은 이 저주 속에 있던 아브람을 택하여 그를 불러 내십니다. 그리고 그에게 자손을 약속하시고 복을 약속하시는 것입니다. 그리고 바로 여기에 성경이 아브람을 통하여 우리에게 보여 주고자 하는 구원의 그림이 숨겨져 있는 것을 알 수 있습니다.

우리가 어떤 자들입니까?

성경은 우리야말로 죄의 저주 가운데 있던 자들이라고 말합니다.

> 그러면 어떠하냐 우리는 나으냐 결코 아니라 유대인이나 헬라인이나 다 죄 아래에 있다고 우리가 이미 선언하였느니라(롬 3:9).

> 모든 사람이 죄를 범하였으매 하나님의 영광에 이르지 못하더니
> (롬 3:23).

그런데 이렇게 저주받은 인생이 되어 죄 가운데에 거하던 우리를 하나님이 일방적인 사랑으로 택하여 저주에서 해방시켜 주시고 자녀 삼아 주신 것입니다. 이 구원의 절정이 바로 예수 그리스도의 십자가입니다. 이렇듯 성경은, 당시로서는 자식이 없어 저주받은 인생에 불과했던 아브람과 사래를 하나님이 택하여 불러 내신 것처럼 오늘날에도 은혜로우신 하나님이 죄 가운데 저주받은 우리를 구원하신다는 것을 보여 줍니다. 그래서 11장에 등장하는 셈의 족보는 단순한 족보를 넘어 우리를 향한 하나님의 구원의 은혜를 그려 보여 주는 스케치북이라고도 할 수 있습니다.

2. 떠내어진 반석

> 데라가 그 아들 아브람과 하란의 아들인 그의 손자 롯과 그의 며느리 아브람의 아내 사래를 데리고 갈대아인의 우르를 떠나 가나안 땅으로 가고자 하더니 하란에 이르러 거기 거류하였으며(창 11:31).

창세기 11장 하반부에 걸친 셈의 족보 이야기는 데라를 주축으로 아브람의 가족들이 삶의 터전을 이동하는 것으로 끝을 맺습니다. 그런데 이때 성경은 의도적으로 아브람을 포함한 데라의 가족들이 갈

대아 우르 출신이었다고 이야기해 줍니다. 갈대아 우르는 현재 이라크의 남부에 속한 지역으로 고대에는 메소포타미아 문명의 비옥한 초승달 지대에 위치한 가장 문명이 발달한 곳 중 하나였습니다.

이 우르는 여러 가지의 신을 섬기는 다신교 지역이었는데 신들 중에서도 대대로 달을 신으로 섬기는 것으로 유명한 곳이었습니다. 그리고 아마 그 지역에 살았던 아브람의 아버지인 데라를 포함한 그의 가족도 달을 우상으로 섬기던 가정이었을 것입니다. 그래서 어떤 학자들은 이런 시대적, 역사적 배경 때문에 데라가 우상을 만들어서 파는 우상 세공업자였다고 말하기도 합니다.

그런데 어느 날 이 갈대아 우르에서 우상을 섬기던 데라와 아브람의 집에 하나님이 찾아와 그들을 가나안 땅으로 불러 내십니다. 비록 창세기에서는 이 이야기가 등장하지 않지만 우리는 사도행전 7장의 스데반 집사의 설교에서 이러한 사실을 알 수 있습니다.

> 스데반이 이르되 여러분 부형들이여 들으소서 우리 조상 아브라함이 하란에 있기 전 메소보다미아에 있을 때에 영광의 하나님이 그에게 보여 이르시되 네 고향과 친척을 떠나 내가 네게 보일 땅으로 가라 하시니 (행 7:2-3).

이렇듯 하나님은 본디 데라를 포함한 아브람과 그의 가족들을 갈대아 우르에 있을 때부터 불러 내셨음을 알 수 있습니다. 그런데 아브람의 아버지인 데라는 미지의 땅인 가나안을 향해 가던 중간에 하란에 이르러서는 그곳에 그냥 눌러앉아 버립니다. 당시 하란은 문명이 발달한 화려한 상업 도시 중에 하나였습니다. 이에 아브람의 아버지인 데라는 자신이 잘 알지도 못하고 터를 잡을지도 확실치 못한 가나안으로 가기보다 자신의 고향인 우르와 가깝고 문명도 발달한 상업 도시 하란에 머물고자 한 것입니다.

이러한 데라의 모습은 오늘날에도 여전히 눈에 보이지 않는 하나님의 약속보다는 당장 눈에 보이는 화려함을 추구하는 우리의 모습과 별반 다를 것이 없어 보입니다.

왜 오늘날에도 많은 사람들이 하나님을 떠나 세상의 가치를 좇고 그곳에 머물기를 원합니까?

그들의 눈에 하나님을 믿는 것이 대단치 않아 보이기 때문입니다. 당장 눈에 보이지 않는 하나님을 믿는 것보다 언제든지 눈만 돌리면 볼 수 있는 세상의 가치들이 더욱 화려하고 자신에게 유익이 되어 보이기 때문에 하나님께 머무는 것보다 세상 가운데 머물기를 원하는 것입니다. 이것이 오늘날에도 여전히 우리 안에 존재하는 데라의 모습입니다.

12장 1절에서, 결국 데라가 죽은 후에야 하나님이 하란에 거주하던 아브라함을 다시 불러 내시는 것을 볼 수 있습니다. 그런데 이때 하나님이 하란에 거주하던 아브라함을 불러 내시는 장면을 두고 이를 극적으로 표현한 곳이 있습니다.

> 의를 따르며 여호와를 찾아 구하는 너희는 내게 들을지어다 너희를 떠낸 반석과 너희를 파낸 우묵한 구덩이를 생각하여 보라 너희의 조상 아브라함과 너희를 낳은 사라를 생각하여 보라 아브라함이 혼자 있을 때

에 내가 그를 부르고 그에게 복을 주어 창성하게 하였느니라(사 51:1-2).

하나님이 이사야 선지자를 통하여 하시는 말씀이 무엇입니까?

하나님은 이스라엘의 조상인 아브라함과 사라를 불러 내신 사건을 두고 '떠낸 반석이요 파낸 우묵한 구덩이'라고 표현하십니다. 이는 하나님이 그들을 어떻게 불러 내시고 구원하셨는지를 보여 주는 장면이라 할 수 있습니다.

우리는 흔히 아브라함의 부르심 하면 자신의 본토와 친척과 아비의 집을 과감히 버리고 떠나는 아브라함의 순종을 떠올리곤 합니다. 물론 아브라함의 순종 또한 매우 중요한 믿음 중에 하나였습니다. 하지만 이사야서를 통해서 우리는 성경의 일관된 관심이 아브라함의 순종이나 믿음보다는 그를 우상을 섬기던 땅에서 '떠내고 파내신' 하나님의 부르심에 더욱 초점이 있는 것을 알 수 있습니다.

반석이 순종한다고 해서 <u>스스로</u> 자신을 땅에서 들어 올려 구덩이를 만들어 낼 수 있습니까?

반석은 누군가가 파내어 끄집어내지 않는 이상 스스로는 결코 땅에서 들어 올려질 수 없는 것이 바로 반석입니다. 마찬가지로 아브라함 또한 하나님의 부르심이 없었다면 평생 이방 땅에서 우상을 섬기면서 사는 인생에 불과했을 것입니다.

물론 순종도 신앙에 있어서 너무나 중요한 가치입니다. 하지만 순종은 그것에 앞선 부르심이 없다면 불가능한 일입니다.

부르심이 없는데 어떻게 순종할 수 있겠습니까?

그러므로 순종보다 더 앞선 가치는 하나님의 부르심입니다. 이런 의미에서 오늘 성경은 아브람의 이야기를 시작하면서 하나님을 알지도 못하고 먼 이방 땅에서 우상을 섬기며 살던, 노년이 되도록 자녀가 없어 저주받은 인생에 불과했던 한 인물을 하나님이 어떻게 불러내시고 끄집어내시는지를 보여 주고 있습니다.

또한 성경은 이러한 아브람을 통하여 오늘날 우리야말로 하나님을 알지 못하고 알 수도 없는 자들이며 갈대아 우르와 같은 세상에서 죄의 유혹에 빠져 죽어가고 저주받던 인생이었음을 보여 줍니다. 그런데 하나님이 이런 우리를 죄의 저주와 죽음의 세상에서 부르시고 끄집어내어 구원의 길로 인도하여 내신 것입니다.

결국 아브라함을 향한 성경의 이야기는 단순히 아브라함이라는 한 사람을 향한 부르심을 넘어서 오늘날 우리를 향한 하나님의 구원의 부르심을 보여 주는 그림입니다.

제 2 장

여정의 시작

1. 믿어야 보인다

앞서 우리는 자신의 눈에 좋아 보이는 것을 좇다가 결국 하나님이 약속하신 땅에 이르지 못하고 상업과 문화가 발달한 하란에 눌러앉아 버린 데라의 모습을 보았습니다. 하지만 비록 데라는 실패했을지 몰라도 하나님은 실패하지 않는 분이십니다. 이에 데라가 죽고 난 이후 하나님은 다시 한 번 아브람을 불러 내십니다.

> 여호와께서 아브람에게 이르시되 너는 너의 고향과 친척과 아버지의 집을 떠나 내가 네게 보여줄 땅으로 가라(창 12:1).

그런데 이때 주목할 점은 하나님이 아브람을 불러 내시면서 막상 그에게 그가 가야 할 땅의 위치나 그 땅의 특징 등 땅에 대한 정보를 하나도 제공해 주시지 않는다는 것입니다. 하나님은 그저 '내가 네게 보여줄 땅으로 가라'고만 하십니다. 이는 방법적인 측면에서만 보면 결코 좋은 방법이 아닙니다. 상식적으로 올바른 순서는 가야 할 땅에 대한 정보를 미리 알려주는 것이 먼저입니다.

"그 땅에 가면 내가 너에게 준비한 것이 있다. 그 땅에는 나의 계획이 있다. 그러니 가라."

이렇게 이야기하는 것이 순서적으로 바른 순서인 것입니다. 하지만 하나님의 방법은 조금 달랐습니다. 땅에 대한 정보를 미리 제공한 다음에 가라고 하시지 않고 먼저 "가라"고만 하십니다. '가면 볼 수 있다'는 것입니다. 그래서 성경을 자세히 읽어보면 하나님은 '보여준 땅으로 가라'고 하지 않으시고 "보여줄 땅으로 가라"고 하시는 것을 볼 수 있습니다. 이 장면에서 우리는 믿음이 무엇인지를 발견하게 됩니다. 바로 믿음은 '실체가 아닌 것을 실체화할 수 있는 것'입니다. 이를 좀 더 쉽게 말하면 '보이지 않는 것을 볼 수 있는 눈'이 바로 믿음인 것입니다.

성경에서 말하는 믿음의 순서는 미리 알고 경험해서 믿는 것이 아닙니다. 반대로, 믿을 때 비로소 알 수 있게 되고 볼 수 있게 되는 것입니다. 그러니까 눈으로 보고 지식적으로 알아서 믿는 것이 아니라 믿을 때야 비로소 보이고 알 수 있게 된다는 것입니다. 그래서 흔히 믿음 장이라 불리는 히브리서 11장은 1절에서 믿음에 대한 정의를 다음과 같이 내립니다.

믿음은 바라는 것들의 실상이요 보이지 않는 것들의 증거니(히 11:1).

히브리서 기자는 믿음을 두고 보이지 않는 것의 증거라고 이야기합니다. 일반적으로 증거는 그 근거가 확실하고 눈에 보이는 것이어야만 합니다. 하지만 성경은 반대로, 지금 당장은 눈에 보이지 않더라도 믿음이 그 증거가 될 수 있다고 이야기하는 것입니다. 이를 좀 더 쉽게 예를 들어 설명한 것 중 하나가 히브리서 11장 7절입니다.

> 믿음으로 노아는 아직 보이지 않는 일에 경고하심을 받아 경외함으로 방주를 준비하여 그 집을 구원하였으니(히 11:7).

성경이 말하는 것이 무엇입니까?

성경은 노아를 예로 들면서 아직 홍수가 오지도 않았고 홍수가 올 어떠한 전조 현상도 없었지만 믿음으로 노아는 홍수가 올 것을 알고 있었다고 이야기합니다. 그러니까 노아는 믿음의 눈을 통해 하나님이 세상에 내리실 홍수를 미리 보고 있었던 것입니다. 12장에서 이브람을 부르시는 하나님이 요구하시는 것도 바로 이 믿음이었습니다. 비록 아브람이 아직은 그 땅을 보지도 못했고, 그 땅에 대한 어떤 정보도 없었지만 믿고 간다면 하나님이 보여 주신다는 것입니다.

오늘날 우리의 믿음도 마찬가지입니다. 기독교 신앙은 알고 경험했기 때문에 시작하는 것이 아닙니다. 세상의 일반적인 종교는 자신의 노력과 지적 탐구를 통하여 스스로가 깨달음을 얻고 득도하고 길을 찾고자 하는 것이라면 기독교의 신앙은 믿고 난 이후부터 본격적으로 시작하게 됩니다. 믿기 전에는 알 수도 없었고 느낄 수도 없었던 하나님의 살아계심과 역사하심이, 믿고 난 이후부터 비로소 우리의 삶 속에서 실체화되고 경험되어지는 것입니다. 그래서 오늘날에도 여전히 하나님은 우리에게 믿음을 요구하십니다.

하지만 우리는 어떻습니까?

우리는 하나님의 뜻과는 반대로 먼저 보여 달라고 요구할 때가 많습니다. 보여 주고 알려주시면 그 때 가겠다는 것입니다. 그래서 어떤 때는 기도원에도 가고 금식도 하면서 하나님께 보여 달라고 간구하는 것입니다. 그러나 이는 하나님의 일하심과 믿음을 온전히 알지 못하는 것입니다. 물론 하나님께 우리의 갈 바를 놓고 기도하며 하나님의 선하신 뜻을 찾아야 합니다. 하지만 하나님이 우리에게 가장 원하시는 것은 먼저 하나님을 향한 믿음으로 담대하게 나아가는 것입니다. 하나님이 나의 인생을 책임지시고 이끌어 가신다는 믿음을 가지고 전진하라는 것입니다.

그렇게 한 치 앞도 보이지 않고 내일이 불확실하며 살얼음판 같은 세상 속에서 한 걸음, 한 걸음 하나님을 향한 믿음을 가지고 발걸음을 내딛다 보면 하나님이 보여 주시는 길을 발견할 수 있습니다. 그러니 험한 세상 가운데 살아가는 것을 너무 두려워하지 마십시오. 우리는 보고 가는 자들이 아닙니다. 믿음으로 가면 비로소 볼 수 있게 되는 것입니다.

2. 땅, 자손, 주권

창세기 12장 1-3절에서 하나님은 아브람을 불러 내시며 그에게 몇 가지의 약속해 주십니다. 그런데 이때 하나님이 하시는 약속을 자세히 보면 그 중심에 '땅'과 '자손'이 있는 것을 볼 수 있습니다.

> 여호와께서 아브람에게 이르시되 너는 너의 고향과 친척과 아버지의 집을 떠나 내가 네게 보여줄 땅으로 가라. 내가 너로 큰 민족을 이루고 네게 복을 주어 네 이름을 창대하게 하리니 너는 복이 될지라. 너를 축복하는 자에게는 내가 복을 내리고 너를 저주하는 자에게는 내가 저주하리니 땅의 모든 족속이 너로 말미암아 복을 얻을 것이라 하신지라(창 12:1-3).

그리고 하나님이 아브람에게 하신 이 '땅'과 '자손'에 대한 약속은 그의 자녀들에게도 계속해서 계승됩니다.

> 여호와께서 이삭에게 나타나 이르시되 애굽으로 내려가지 말고 내가 네게 지시하는 땅에 거주하라 이 땅에 거류하면 내가 너와 함께 있어 … 네 자손을 하늘의 별과 같이 번성하게 하며(창 26:2-4).

> 또 본즉 여호와께서 그 위에 서서 이르시되 나는 여호와니 네 조부 아브라함의 하나님이요 이삭의 하나님이라 네가 누워 있는 땅을 내가 너와 네 자손에게 주리니 네 자손이 땅의 티끌 같이 되어(창 28:13-14).

이렇듯 하나님은 아브람뿐만 아니라 그의 자손들에게도 창세기 전체에 걸쳐서 '땅'과 '자손'에 대한 약속을 계속해서 하시는 것을 알 수 있습니다.

그렇다면 왜 '땅'과 '자손'일까요?

여기에는 국가라는 중요한 개념이 담겨 있습니다. 흔히 국가를 이루는 세 가지의 요소를 이야기할 때 국민, 영토, 주권을 이야기하곤 합니다. 국민과 영토와 주권이라는 세 가지 요소가 충족될 때 국가라는 개념이 성립된다는 것입니다. 창세기 12장에서 하나님이 아브라함에게 하시는 약속의 중심인 땅과 자손이 바로 이 국가를 이루는 중요한 두 가지 요소인 것을 알 수 있습니다.

그렇다면 마지막 요소인 주권은 어디에 있을까요?

오늘날 우리가 살아가는 대한민국의 주권이 국민에게 있다면 하나님 나라의 주권은 하나님께 있습니다. 그래서 성경의 곳곳에서 하나님은 이스라엘이 하나님의 말씀에 순종하고 하나님을 잘 섬길 때 그들의 하나님이 되시고 이스라엘은 하나님의 백성이 될 것을 약속하십니다.

이를 종합하면 아브람을 향한 하나님의 부르심은 단순히 개인을 향한 부르심을 넘어 '하나님 나라의 회복'이라는 영적 각성의 시작임을 알 수 있습니다. 그리고 이는 앞선 11장의 바벨탑 사건과 대조를 이룹니다. 앞서 바벨탑 사건의 가장 큰 원인은 타락한 인간들이 하나님 없는 자신들만의 나라를 건설하고자 한 것이라고 했습니다. 자신들이 하나가 되어 똘똘 뭉치면 얼마든지 하나님 없이도 살 수 있을 것이라 생각한 것입니다.

이는 타락한 인간이 어디까지 교만해질 수 있는지를 보여 줍니다. 단지 그 방법과 모습이 조금씩 다를 뿐이지 타락한 인간은 결국 스스로 하나님 됨을 추구하는 교만한 존재인 것입니다. 바벨탑 사건은 단지 타락한 인간의 교만이 어디까지 갈 수 있는지를 보여 주는 대표적인 사건 중 하나였을 뿐입니다.

결국 이를 보신 하나님은 바벨탑에 모인 인간의 언어를 혼잡하게 하신 후 그들을 온 땅 곳곳으로 흩으셨습니다. 그 후 12장에서 아브람을 부르시며 그로 하여금 하나님의 명령에 순종하고, 하나님의 이름을 높이게 하여 하나님이 친히 주인 되시는 하나님 나라를 건설하고자 하신 것입니다.

그런데 이때 하나님이 약속하시는 내용을 보면 약속의 마지막에 "땅의 모든 족속이 아브람으로 말미암아 복을 얻게 될 것이다"라고 말씀하시는 것을 볼 수 있습니다. 이때 '모든 족속'이 아브람으로 말미암아 복을 얻게 된다는 하나님의 약속은 아브람을 통하여 시작하신 하나님 나라가 얼마나 포괄적이고 광대한지를 보여 줍니다. 애초에 하나님이 아브람을 통하여 시작하신 하나님 나라는 '모든 민족과 모든 나라'를 포함한 나라였습니다. 그런데 훗날 이스라엘 백성들이 이를 오해하여 혈통 중심의 이스라엘만을 위한 나라로 왜곡한 것입니다.

그렇다면 현실적으로 어떻게 모든 민족들이 혈통적인 한계를 뛰어넘어 이스라엘의 조상인 아브람을 통해 복을 얻게 될 수 있을까요?

구체적으로 말하면 모든 민족이 아브람을 통해 복을 얻게 된다는 것은 장차 아브람의 후손으로 오실 예수 그리스도를 의미한다고 할 수 있습니다. 이를 성경은 갈라디아서에서 다음과 같이 이야기합니다.

> 이는 그리스도 예수 안에서 아브라함의 복이 이방인에게 미치게 하고
> 또 우리로 하여금 믿음으로 말미암아 성령의 약속을 받게 하려 함이라
>
> (갈 3:14).

예수님은 혈통으로는 다윗의 자손이요, 유다 지파요, 더 나아가 이스라엘의 조상인 아브라함의 후손 가운데 나셨습니다. 그러나 육체적인 혈통을 뛰어 넘어 예수님은 하나님의 아들이셨습니다. 그리고 바로 이 하나님의 아들이신 예수님이 모든 인류를 위하여 십자가의 대속을 치루어 내신 것입니다. 즉, 아브람에게 하신 하나님의 약속은 아브람의 후손으로 오신 예수 그리스도를 통하여 완성되었고, 혈통을 넘어서 하나님의 아들이신 예수님은 예수님을 믿는 모든 믿는 자들을 하나님 나라의 백성이 되게 하시는 것입니다. 이것이 바로 창세기 12장 3절에서 하나님이 말씀하신 땅의 모든 족속이 아브람을 통해 복을 얻게 될 것이라는 약속의 의미였습니다.

그러므로 하나님이 아브람을 통해 시작하신 하나님의 나라는 단순히 혈통으로 이루어진 나라가 아니라 예수 그리스도를 통하여 믿음으로 이루어질 전 민족적인 그림을 담은 나라였던 것입니다. 그리고 이것이 바로 2절에서 하나님이 아브람에게 약속하신 '큰 민족'에 담긴 진정한 의미였습니다.

이처럼 하나님이 아브람을 택하여 그와 맺으신 언약은 단순히 하나님과 아브람 개인 사이에 맺혀진 언약이 아니었습니다. 이 언약은 개인과 국가를 뛰어넘어 모든 민족의 구원이라는, 전 인류를 향한 하나님 나라 회복의 약속이었던 것입니다.

그렇다면 하나님 나라의 백성은 누구일까요?

오늘날 하나님 나라의 백성은 바로 예수 그리스도를 주로 고백하는 모든 성도들입니다. 그리고 앞서 말했듯 하나님이 아브람을 통해 약속하신 하나님의 나라는 예수 그리스도를 통하여 이 땅에 이미 이루어졌습니다.

> 그러나 내가 하나님의 성령을 힘입어 귀신을 쫓아내는 것이면 하나님의 나라가 이미 너희에게 임하였느니라(마 12:28).

이처럼 예수님도 하나님이 아브람에게 약속하신 하나님의 나라가 예수님을 통하여 이미 이 땅에 임하였고 성취되었다고 말씀하시는 것을 볼 수 있습니다. 그런데 여기서 문제가 하나 발생합니다. 성경은 분명 예수님을 통하여 이 땅에 하나님의 나라가 임하였다고 하는데 우리가 살아가는 세상은 여전히 악이 득세하고, 불의가 횡행해 보이며 하나님의 나라가 임하였다는 것이 막상 우리에게 실제적인 체감으로 다가오지 않는다는 것입니다.

여기에는 '이미'와 '아직'이라는 긴장 관계가 있습니다. 하나님의 나라는 분명 예수 그리스도를 통하여 이미 이 땅에 임하였습니다. 그러나 이것이 곧 하나님의 나라가 완전히 완성되었다는 말은 아닙니다. 예수님을 통하여 이 땅에 임한 하나님 나라는 아직 완성된 것이 아니라 완성을 향해 나아가고 있는 중입니다.

그렇다면 이 나라는 언제 완성될까요?

바로 예수님이 다시 오실 그 날, 마지막 날에 이르러 이 땅에 임한 하나님의 나라가 드디어 완성되는 것입니다. 이것을 두고 흔히 '이미와 아직' 사이의 긴장 관계라고 합니다. 그리고 우리는 현재 이 '이미와 아직' 사이의 긴장 속에서 살아가고 있습니다. 그래서 '이미와 아직' 사이의 긴장 때문에 우리가 살아가는 세상과 나의 삶이 때때로 불완전해 보이고 혼란스러워 보이는 것입니다.

그러나 불완전하고 혼란스러워 보이는 세상 속에서도 우리에게 소망이 있는 이유는 세상과 인생의 불완전함이 영원하지 않기 때문입니다. 하나님의 나라는 지금도 세상과 우리의 불완전함을 뚫고 분명한 완성을 향해 전진해 가고 있습니다. 그렇기에 우리는 이 불완전해 보이는 세상 속에서도 믿음의 눈을 가지고 완성을 향해 나아가는 하나님 나라를 바라보며 하나님 나라의 백성으로서 살아가는 믿음의 삶을 연습해야만 합니다. 이것이 바로 하나님의 영광을 위한 삶입니다.

하나님의 영광을 위해 산다는 것은 생각만큼 그리 대단하고 거창한 것이 아닙니다. 우리는 세상의 성공 지향적이고 물질 만능 주의적 영향 때문에 하나님의 영광을 위해 산다는 것을 내가 세상에서 높은 자리에 올라가고, 많은 것을 가지며, 대단한 지위를 갖게 되는 것으로 생각하곤 합니다. 하지만 그러한 것이 하나님의 영광을 위한 것이 아닙니다.

하나님의 영광을 위한 삶은 거대한 세상의 가치관이 우리를 유혹하고 지배하는 이 세상 속에서 하나님 나라 백성으로서 하나님 나라의 가치관을 가지고 살아가는 것을 말합니다. 하나님 나라 백성으로서 오늘도 나를 짓누르고 유혹하는 세상을 살아가는 것, 가정을 위해 그리고 나의 사랑하는 사람들을 위해 나의 일터에서 하루를 버티어 내는 것, 비록 당장 나의 앞길이 캄캄하고 막막해도 묵묵히 하나님의 일하심을 바라보며 걸어가는 것. 하나님 나라 백성으로 살아가는 이 모든 것이 바로 하나님의 영광을 위해 사는 삶인 것입니다.

3. 제단을 쌓고

하나님의 약속을 받은 아브람은 그의 식솔들과 조카 롯을 데리고 하란 땅을 떠나 드디어 가나안 땅에 도착하게 됩니다. 그런데 창세기 12장 6절을 보면 심상치 않은 문장 하나를 볼 수 있습니다. 바로 "그 때에 가나안 사람이 그 땅에 거주하였더라"입니다. 아브람이 오랜 여정 끝에 가나안 땅에 이르러 세겜 땅 모레 상수리나무에 도착해 보니 그의 눈에 처음으로 보인 것은 이미 그 땅에 자리를 잡고 살고 있던 가나안 토착민들이었습니다. 생각해 보십시오.

이 얼마나 황당한 상황입니까?

아무것도 보지도 못하고 어떠한 정보도 없이 그저 하나님이 주신 약속 하나만 믿고 떠났는데 땅에 도착해 보니 이미 다른 민족들이 그곳에서 자리를 잡고 살고 있던 것입니다.

아브람의 마음이 얼마나 심란하고 허탈했을지 느껴지십니까?

바로 이때 하나님은 허탈함과 좌절감에 무너져 있는 아브람에게 다시 나타나 한 번 더 하나님의 약속을 확신시켜 주십니다.

> 여호와께서 아브람에게 나타나 이르시되 내가 이 땅을 네 자손에게 주리라 하신지라 자기에게 나타나신 여호와께 그가 그 곳에서 제단을 쌓고 (창 12:7).

하나님이 다시 아브람에게 나타나 약속을 하시자, 약속을 받은 아브람은 자신의 생에서 처음으로 제단을 쌓고 하나님께 예배를 드리게 됩니다. 그리고 이후부터 아브람은 그의 거처를 옮길 때마다 제단을 쌓고 하나님을 예배하는 것을 볼 수 있습니다. 그런데 사실 이렇게 아브람이 이동을 할 때마다 제단을 쌓는 것에는 하나님을 향한 아브람의 고백이 담겨져 있었습니다. 아브람이 자신의 거처마다 제단을 쌓고 드린 예배에는 자신이 밟고 있는 땅이 하나님이 주시기로 약속하신 구별된 땅, 하나님의 것이라는 고백이 담긴 것입니다.

'하나님, 이 땅은 하나님이 주시기로 하신 땅입니다. 이 땅은 제 것이 아니라 하나님 것입니다.'

그리고 이 속에서 우리는 예배의 중요한 가치 중 하나를 발견할 수 있습니다. 즉 예배란 하나님의 것임을 고백하는 것입니다.

오늘날 많은 신앙인들이 새로운 집으로 이사를 하거나 새 사업장을 열었을 때 예배를 드리는 것을 흔히 보곤 합니다. 그런데 이때 예배를 드리는 목적을 보면 그 내면에 하나님이 새로 이사한 집에 복을 주어 집안이 더욱 잘 되고, 사업장에도 복을 내려 사업장이 번창하기를 바라는 것입니다. 이런 기복적인 신앙을 심심치 않게 볼 수 있습니다.

그러나 예배는 새로 터전을 마련한 나의 가정과 사업장 가운데 하나님의 축복이 임하기를 비는 그런 기복적인 것이 아닙니다. 예배의 목적은 우리의 가정과 사업장과 일터를 포함한 우리가 살아가는 모든 삶의 현장이 다 구별된 하나님의 것임을 고백하는 것에 있습니다. 즉 우리의 삶 전체가 구별된 하나님의 것이니 하나님의 인도하심대로 순종한다는 것입니다.

그래서 우리가 흔히 삶의 예배라고 이야기할 때에도 여기엔 우리의 삶을 통하여 하나님께 예배를 드린다는 뜻도 있지만 더 나아가 우리의 인생 전체가 하나님께 구별된 하나님의 것임을 고백하는 신앙고백이 담겨져 있습니다.

4. 하나님의 땅에도 가뭄은 온다

아브람이 하나님의 말씀을 따라 가나안 땅에 머문지 얼마가 되지 않았을 때 그기 머문 곳에 심각한 기뭄이 찾아왔습니다. 그 기뭄이 얼마나 극심했던지 아브람은 결국 자신이 있던 곳을 떠나 안정적인 지역을 찾았고, 당시 문명의 발달지인 애굽으로 향하게 됩니다. 그리고 이때 성경은 "그 땅에 기근이 심하였음이라"라고 말함으로써 아브람이 애굽으로 내려간 이유를 정당화시켜 주는 것처럼 보입니다. 하지만 실제로는 그 반대였습니다.

> 그 땅에 기근이 들었으므로 아브람이 애굽에 거류하려고 그리로 내려갔으니 이는 그 땅에 기근이 심하였음이라(창 12:10).

창세기 12장 10절을 보면 아브람이 애굽에 거류하기 위하여 내려갔다고 말합니다. 그런데 여기서 거류하다라는 단어는 '구르'라는 히브리어로서 이 말은 단순히 잠시 여행을 떠났다는 말이 아니라 이방인이 새로운 땅에 완전히 터를 잡고 정착하기로 마음을 먹은 후 그곳에 눌러앉을 때 사용하는 단어입니다. 오늘날로 치면 이민과 같은 것입니다.

지금껏 아브람은 하나님이 주시기로 약속하신 땅에서는 한 번도 거류한 적이 없었습니다. 가나안 땅에 간 이후 아브람의 여정을 살펴보면 그가 계속해서 자신이 머물기에 좋은 지역을 찾아 떠돌이 생활을 한 것을 알 수 있습니다. 그러나 가나안 땅이라는 곳이 실상 아브람의 고향인 우르처럼 풍요롭고 발달한 지역은 아닌지라 쉽사리 자리 잡을 곳을 찾지 못하고 이리저리 방황하고 있었던 것입니다.

그런데 이때 엎친 데 덮친 격으로 그 땅에 심한 가뭄까지 들었던 것입니다. 안 그래도 변변찮게 머물 곳도 없고 땅도 그리 썩 마음에 들지 않았던 차에 가뭄까지 찾아오자 아브람은 이때다 싶어 하나님이 약속하신 땅을 내팽겨 치고 풍족한 애굽 땅으로 내려가 거기에 눌러앉기로 결심한 것입니다.

그런데 이때 우리가 짚고 넘어가야 할 사실 하나는 하나님이 약속하신 땅에도 극심한 가뭄이 온다는 사실입니다. 성경은 이것을 두고 10절에서 의도적으로 "그 땅"에 기근이 들었다고 이야기해줍니다.

"그 땅"이 어디입니까?

바로 하나님이 아브람에게 주기로 약속하신 땅이었습니다. 당연히 하나님이 약속하신 땅이라면 그 땅은 더할 나위 없이 좋고 더욱 비옥

해야 할 것 같은데, 오히려 이 약속의 땅에 가뭄이 찾아온 것입니다. 사실 이것이 우리가 신앙생활을 하면서 겪는 이해할 수 없는 아이러니 중의 하나입니다. 하나님이 약속하신 땅이라면 더 풍요롭고 풍족해야 할 것 같은데 실제로는 그렇지 않은 경우가 더 많다는 것입니다. 약속한 땅임에도 불구하고 극심한 가뭄도 찾아오고 때론 해충도 발생한다는 것입니다.

사실 가나안 땅은 토지로만 본다면 그 자체로 비옥한 지역은 아니었습니다. 역사적으로도 고대에 농작하기 좋고, 사람이 살기 좋은 곳은 큰 강이 흐르는 지역이었습니다. 그래서 역사적으로 문명이 발달한 지역은 모두 큰 강을 중심으로 이루어진 것을 알 수 있습니다. 그런데 가나안 땅에는 이러한 큰 강줄기가 없었습니다. 그러다 보니 가나안 땅은 농사를 짓고 목축하기에는 좋은 환경을 갖출 수가 없었던 것입니다.

하지만 이런 가나안 땅에서도 농사를 짓고 목축할 수 있는 방법이 아예 없었던 것은 아니었습니다. 비록 큰 강줄기는 없지만 때에 따라 비가 풍족히 내려만 준다면 가나안 땅에서도 농사와 목축이 충분히 가능했습니다. 그래서 가나안 땅에서 생존하기 위해서는 '때를 따라 내리는 비'가 필수적이었습니다. 이를 성경은 이른 비와 늦은 비라고 표현합니다. 만약 이 이른 비와 늦은 비가 때를 따라 풍족히 내리지 않으면 가나안 땅은 아주 극심한 가뭄이 들 수밖에 없었습니다.

그런데 하나님은 아브람과 이스라엘에게 이런 가나안 땅을 약속의 땅으로 주십니다. 그리고 심지어는 그 땅을 젖과 꿀이 흐르는 땅이라고 표현하신 것입니다. 여기에는 중요한 신앙적 이유가 담겨 있습니다. 그것은 바로 아브람과 이스라엘로 하여금 그들이 오직 하나님을 의지하고 그분의 은혜로만 살 수밖에 없음을 알게 하기 위해서입니다. 이러한 하나님의 의도를 신명기 11장 13-14절에서 이렇게 이야기합니다.

> 내가 오늘 너희에게 명하는 내 명령을 너희가 만일 청종하고 너희의 하나님 여호와를 사랑하여 마음을 다하고 뜻을 다하여 섬기면 여호와께서 너희의 땅에 이른 비, 늦은 비를 적당한 때에 내리시리니 너희가 곡식과 포도주와 기름을 얻을 것이요(신 11:13-14).

이렇듯 하나님이 가나안 땅을 이스라엘에게 주신 이유는 그 땅이 다른 땅보다 더 좋은 조건을 가졌고 뛰어난 주변 환경을 가졌기 때문이 아닙니다. 가나안 땅이 하나님을 붙잡고 살아가는 훈련을 하기에 가장 좋은 장소이기에 그 땅을 주신 것입니다. 마찬가지로 오늘날 우리도 신앙생활을 하다 보면 이해할 수 없이 찾아오는 고난과 어려움들을 경험하곤 합니다.

그런데 조금만 돌아보면 이것은 전혀 이상하거나 아이러니한 신앙의 모순이 아닙니다. 왜냐하면 오히려 하나님은 우리의 신앙생활 가운데 찾아오는 이런 가뭄들을 통하여 우리로 하여금 하나님을 더욱 붙잡고 의지하도록 훈련시키시기 때문입니다.

5. 애굽에서 만난 하나님

하지만 아브람은 하나님이 그에게 두 번이나 찾아와 약속을 주셨음에도 불구하고 가뭄이라는 고난이 찾아오자 하나님을 붙잡거나 의지하기보다는 한 치의 망설임 없이 약속의 땅에서 떠나 버립니다.

게다가 아브람이 애굽에 내려가는 길에 어떠한 행동을 합니까? 아브람은 아내 사래의 미모 때문에 혹여 자신의 목숨이 위기에 처하지는 않을까 하여 아내 사래를 누이로 속이기로 계획을 짜는 것을 볼 수 있습니다. 말이 계획이지 이는 실질적으로 아브람이 자신의 목숨을 지키기 위해 아내를 넘긴 것과 다름이 없었습니다. 하나님은 분명 사래를 통해 아브람의 씨를 번성하게 하시고 자손을 주실 것을 약속하셨음에도 불구하고 아브람은 하나님을 믿지 못하고 인간적인 꾀를 내어 자신의 안위를 먼저 지키고자 한 것입니다. 결국 아브람의 믿음 없음 때문에 하나님이 주신 땅과 자손에 대한 약속이 깨어질 위기에 처하게 되었습니다.

그러나 하나님은 이러한 아브람의 연약함에도 불구하고 직접 간섭하셔서 아브람과 그의 아내인 사래를 지켜 내십니다. 그리고 하나님은 아브람과 사래를 지키실 뿐만 아니라 애굽 왕인 바로를 통하여 아브람을 다시 하나님이 약속하신 땅으로 거의 반 강제로 올려 보내십니다.

그런데 아브람이 다시 가나안으로 올라가는 장면을 읽어 보면 바로가 아브람을 돌려보내면서 아브람이 본래 가지고 있던 재산에다가 바로가 그에게 준 소유를 더하여 보낸 것을 볼 수 있습니다. 여기엔 하나님의 놀라우신 은혜와 섭리가 담겨져 있었습니다. 지금 아브람이 다시 돌아가야 할 땅은 아직도 극심한 가뭄이 끝나지 않은 상태였습니다. 이런 상황에서 다시 가나안 땅으로 간다 하더라도 아브람은 당장의 생계를 걱정할 수밖에 없었을 것입니다. 그런데 하나님은 바로를 통하여 아브람과 그의 식솔들이 극심한 가뭄에서 버텨낼 수 있는 방편까지 마련하여 돌려 보내시는 것입니다.

하나님의 세밀한 손길이 보이지 않으십니까?

하나님은 이런 분이십니다. 우리의 필요와 어려움을 모르시는 분이 아니시고 결코 우리의 고난을 모른 체 하시는 분이 아닙니다. 단지 우리가 아브람과 같이 하나님의 때와 방법을 기다리지 못하고 우리의 인간적인 꾀를 내기 때문에 문제가 발생하는 것입니다. 하지만 우리의 연약함과 믿음 없음에도 불구하고 하나님은 하나님의 일을 해 나가십니다. 왜냐하면 그분은 우리의 모든 연약함을 바꾸어 길을 만들어 내시는 신실한 분이시기 때문입니다.

제3장

다른 길을 가다

1. 출애굽

 아브람이 가뭄이라는 핑계로 하나님이 약속하신 땅을 떠나 애굽으로 내려갔다가 그에게 찾아온 것은 목숨의 위협과 함께 아내인 사래를 빼앗길 뻔한 너 큰 고난과 시련이있습니다. 하지민 말이 빼앗긴 것이지 실제로 아브람의 행동은 아내 사래를 넘겨준 것과 다를 바 없었습니다. 그리고 아브람의 행동이 더욱 큰 문제가 될 수밖에 없었던 이유는 분명 하나님이 아브람에게 사래를 통하여 자손을 주실 것을 약속하셨음에도 불구하고 아브람이 이 약속을 너무나 쉽게 저버렸기 때문입니다.
 이러한 아브라함의 모습(약속의 땅을 저버리고 자손의 약속을 저버린)은 그의 믿음이 얼마나 연약한지 그리고 그가 하나님의 약속을 얼마나 가벼이 여기고 있었는지를 보여 줍니다.

하지만 아브람의 연약함과 미숙함에도 불구하고 하나님은 아브람과 사래를 보호하여 주십니다. 그리고 하나님은 바로를 통하여 아브람을 다시 약속의 땅으로 등 떠밀 듯 돌려보내셨습니다. 그렇게 아브람은 떠밀리 듯이 다시 그의 아내와 조카 롯과 함께 가뭄이 들어 있던 네게브 광야로 올라왔습니다. 그런데 이때 창세기 13장 2절은 아브람이 애굽에서 나올 때 그에게 가축과 은과 금이 풍부했다고 말해 줍니다.

> 아브람에게 가축과 은과 금이 풍부하였더라(창 13:2).

아브람의 재산이 불어난 이유는 아브람이 본래 가지고 있던 재산에다가 그가 애굽에서 바로에게 받은 재산이 더하여졌기 때문이었습니다. 그런데 성경이 애굽에서 나온 아브람에게 가축과 은과 금이 풍부했다고 말해 주는 것은 단순히 그의 재산이 불어났다는 사실 그 이상의 의미를 담고 있습니다.

애굽에서 은과 금과 가축을 데리고 나오는 아브람의 모습, 성경의 다른 어딘가와 비슷하지 않습니까?

바로 훗날 아브람의 자손인 이스라엘 백성들이 모세의 인도아래 애굽에서 나올 때 그들 또한 애굽의 백성들에게 받은 은과 금을 포함한 많은 재물을 가지고 나오는 것을 알 수 있습니다. 그리고 이러한 이스라엘의 모습은 그들이 출애굽 하기 전부터 하나님이 모세에게 하신 약속 중 하나였습니다.

> 내가 애굽 사람으로 이 백성에게 은혜를 입히게 할지라 너희가 나갈 때에 빈손으로 가지 아니하리니 여인들은 모두 그 이웃 사람과 및 자기 집에 거류하는 여인에게 은 패물과 금 패물과 의복을 구하여 너희의 자녀를 꾸미라 너희는 애굽 사람들의 물품을 취하리라(출 3:21-22).

이렇듯 하나님이 모세에게 하신 약속은 이스라엘이 출애굽 할 때 그대로 성취된 것입니다.

> 여호와께서 애굽 사람들에게 이스라엘 백성에게 은혜를 입히게 하사 그들이 구하는 대로 주게 하시므로 그들이 애굽 사람의 물품을 취하였더라(출 12:36).

그런데 이렇게 이스라엘이 애굽의 재물을 가지고 애굽에서 나오는 모습은 그보다 400년이나 더 앞선 아브람에게서 먼저 이루어지고 있었습니다. 즉, 창세기 13장에서 아브람이 애굽을 나오며 바로에게 받은 은과 금 등의 재물을 가지고 나오는 모습은 훗날 아브람의 자손인 이스라엘이 출애굽 할 때의 모습을 미리 보여 주는 예비적 장면이라 할 수 있습니다.

그렇다면 왜 성경은 이렇듯 먼 훗날에나 있을 이스라엘 백성들이 출애굽 하는 예비적 사건을 아브람 이야기 속에 담아두었을까요?

여기에는 성경이 주고자 하는 중요한 메시지가 담겨 있습니다.

우리는 흔히 성경을 읽으면서 우리보다 앞서 성경을 접했던 1차 독자가 있었다는 것을 간과하곤 합니다. 하지만 성경의 메시지를 이해하는 데 있어서 성경을 가장 먼저 접했던 1차 독자를 이해하는 것은 매우 중요합니다. 창세기의 1차 독자는 모세의 인도로 출애굽 하여 하나님이 약속하신 가나안 땅을 향해 가고 있던 이스라엘 백성들이 었습니다.

그렇다면 지금 모세를 따라 하나님이 약속하신 땅을 향해 광야의 여정 길 가운데 있던 이스라엘 백성들이 창세기 13장에서 자신들의 조상인 아브라함의 이야기를 들으면서 어떠한 생각을 했겠습니까?

자신들이 현재 가고 있는 가나안 땅을 향한 출애굽 여정 길이 오래 전부터 하나님이 예비하신 일임을 다시 한 번 상기했을 것입니다. 과거 자신들의 조상인 아브라함이 애굽의 은과 금을 들고 나와 약속의 땅으로 올라가는 모습을 통하여 바로 얼마 전 이와 비슷한 모습으로 애굽에서 탈출한 자신들을 떠올리며 이 가나안 여정 길이 하나님의 인도하심 아래 있다는 것을 확신하게 됐을 것입니다.

이렇듯 성경은 애굽에서 나오는 아브람의 이야기를 통하여 성경을 접하던 이스라엘 백성들로 하여금 그들을 향한 하나님의 인도하심과 신실하심이 얼마나 세밀한지를 보여주었다고 할 수 있습니다.

2. '나싸' 인생, '마싸' 인생

애굽에서 올라온 아브람은 남방 지역인 네게브를 거쳐 거슬러 올라가다가 과거 그가 하나님이 약속하신 땅에 이르러 처음으로 제단을 쌓았던 곳까지 도달하게 됩니다. 벧엘과 아이 사이에 위치했던 이곳은 아브람이 과거에 제단을 쌓은 후 하나님의 이름을 부르던 곳이기도 했습니다. 아브람이 애굽에서의 사건을 겪은 후 자신이 처음으로 제단을 쌓고 하나님의 이름을 불렀던 곳으로 돌아온 것은 단순히 돌아왔다는 것 그 이상의 의미를 가지고 있습니다.

아브람이 굳이 자신이 처음으로 제단을 쌓았던 곳으로 올라간 이유는 그가 다시 한 번 하나님의 음성을 듣고자 했기 때문입니다. 과거 자신에게 찾아와 말씀하셨던 그 하나님을 만나서 다시 한 번 하나님의 말씀을 듣고 약속을 확인하기 위해 그는 자신이 처음으로 하나님을 불렀던 첫 신앙고백의 현장으로 돌아온 것입니다.

그리고 이때 3절에서, 다시 한 번 하나님과의 관계 회복을 꿈꾸며 하나님의 말씀을 듣기 위하여 떠나는 아브람의 믿음의 여정을 이야기할 때, '마싸'라는 히브리어를 사용됩니다. 한글 성경에서 "길을 떠나"로 번역된 이 마싸는 여행 혹은 여정이라는 뜻을 가지고 있습니다. 하지만 히브리어에서는 이 여정을 이야기할 때 '마싸'라는 단어 외에도 이와 비슷한 발음과 뜻을 가진 '나싸'라는 단어를 사용하기도 합니다.

그런데 '마싸'와 '나싸'는 발음도 비슷하고 뜻도 비슷하지만 그 안에 담긴 의미는 전혀 다른 것을 알 수 있습니다. 먼저 '나싸'라는 단어는 대개 여정 길 중에서도 부정적인 여정을 이야기할 때 쓰이곤 합니다. 이 '나싸'가 쓰인 대표적인 경우가 바로 창세기 11장에 등장하는 바벨탑 사건입니다. 창세기 11장 2절에서 바벨탑 사건을 시작하며 타락한 인간이 동방으로 옮겨 가던 중 바벨탑을 쌓기 위하여 시날 평지로 모였다고 이야기합니다.

> 이에 그들이 동방으로 옮기다가 시날 평지를 만나 거기 거류하며
> (창 11:2).

이때 타락한 인류가 동방으로 '옮겨 갔다'고 할 때 성경은 '나싸'라는 히브리어를 사용하는 것을 알 수 있습니다. 또한 창세기 13장에서 아브람과 갈라선 롯이 소돔과 고모라를 향하여 떠나며 동쪽으로 거처를 옮길 때에도 '나싸'라고 표현합니다. 창세기에서 동쪽은 흔히 하나님을 떠나 하나님으로부터 점점 멀어지는 인간의 부정적인 모습을 표현할 때 '동쪽'이라는 방향을 두고 표현하곤 합니다. 그리고 하나님을 떠나 동쪽을 향해 가는 타락한 인간의 여정 길을 두고 성경은 '나싸'라는 단어를 사용하곤 합니다. 아브람의 인생에서도 이 '나싸'라는 단어가 사용되는 곳이 있습니다. 바로 앞선 12장 9절입니다.

> 점점 남방으로 옮겨 갔더라(창 12:9).

창세기 12장 9절에서 아브람이 점점 남방으로 옮겨갔다고 말합니다. 그리고 이때 성경은 점차 남방으로 옮겨 가는 아브람의 발걸음을 두고 '나싸'라고 표현합니다. 가나안 땅에 도착한 아브람에게 그 땅은 그다지 마음에 드는 땅이 아니었습니다. 그도 그럴 것이 비옥하고 발달한 우르와 하란에서 살아오던 그에게 큰 강줄기도 없는 광야 지대인 가나안이 썩 마음에 드는 땅은 아니었을 것입니다. 더군다나 그 땅에는 가나안의 민족들도 터를 잡고 살아가고 있었습니다. 그래서 아브람은 그 땅 어디에도 자리를 잡지 못하고 이리저리 헤매며 방황했던

것입니다.

이렇듯 하나님이 주신 땅에 만족하지 못하고 자리도 잡지 못하여 이리저리 헤매던 아브람은 결국 약속의 땅에서 점차 멀어지며 애굽 가까이 남쪽으로 내려가게 됩니다. 그러다 기근이 찾아오자 지체 없이 애굽으로 이주한 것입니다. 그리고 성경은 바로 이 약속의 땅에서 멀어지는 아브람의 여정을 두고 '나싸'라고 말하고 있습니다.

그러나 애굽으로 내려간 아브람은 사래를 잃을 뻔한 사건과 애굽 왕 바로에게 나타난 하나님의 재앙 등 여러 가지 사건들을 보고 경험한 후에 다시 하나님이 약속하신 땅으로 올라오게 됩니다. 그리고 애굽에서 겪은 일련의 사건들은 그동안 아브람이 경험했던 신앙생활에 있어서 커다란 충격으로 다가왔습니다.

한 나라의 왕을 속였음에도 불구하고 목숨을 잃지 않고, 오히려 애굽 왕의 입을 통하여 하나님의 일하심을 듣고 경험한 것은 지금껏 그의 인생에서 생각 할 수도 없었던 사건이었던 것입니다.

이에 아브람은 다시 약속의 땅으로 돌아온 후, 자신이 처음으로 제단을 쌓고 하나님의 이름을 불렀던 곳으로 돌아가 하나님과의 관계를 회복하려 합니다. 한마디로 애굽 사건 이후에 아브람의 신앙 인생에 전환점이 생긴 것입니다. 신앙의 전환을 맞은 아브람이 다시 하나님을 향해 올라가는 여정 길을 두고 성경은 '마싸'라고 표현합니다.

그러므로 성경은 하나님으로부터 떠나 멀어지는 아브람을 두고는 '나싸'로 표현하고, 하나님과의 관계 회복을 꿈꾸며 올라가는 아브람을 두고는 '마싸'라고 표현하는 것입니다. 이러한 성경의 표현은 히브리어 문학 특유의 말놀이라고 할 수 있습니다. 히브리 문학에서는 어떠한 사건이나 사실을 강조하거나 혹은 비꼴 때 비슷한 발음을 가진 두 단어를 가지고 번갈아 사용하곤 합니다.

굳이 오늘날 이와 비슷한 것을 찾자면 아재 개그를 들 수 있습니다. 과거 한 티비 프로그램에서 다음과 같은 장면이 있었습니다. 개그맨 정준하 씨가 현재의 아내 분과 한창 연애할 때 연인의 애칭을 니모라고 부른다고 했습니다. 그리고 이때 이를 듣고 있던 유재석 씨가 "만약 그분이 연상이었다면 니모가 아니라 이모였겠네요?"라고 말놀이를 했습니다. 이것을 보고 한참을 웃었던 기억이 납니다. 히브리 문학 특유의 말놀이가 이와 비슷하다고 할 수 있습니다.

그러니까 '여정'이라는 같은 의미에 발음도 비슷한 두 단어이지만 하나님을 떠나 하나님과 멀어지는 길은 '나싸'의 길이고 하나님께로 다시 올라가는 길은 '마싸'의 길이라고 성경은 이야기하는 것입니다.

오늘날 우리도 신앙생활을 하다 보면 수많은 '나싸'의 길과 '마싸'의 길 사이에서 갈등하고 방황하곤 합니다. 이 두 가지의 길은 자칫 비슷해 보일 수도 있습니다만 엄연히 다릅니다. 아무리 우리가 현재 걸어가는 길이 겉으로 볼 때에는 잘 되는 것만 같고, 성공하는 길 같으며, 내가 사는 길 같아 보일지라도 그것이 하나님의 뜻과 벗어나는 길이면 그것은 '나싸'의 길입니다.

반면에 지금 당장에는 그 어떤 결과도 없어 보이고 나에게 아무런 이익이 되지 않는 길 같지만 그 길이 하나님의 뜻에 합당한 길이라면 그것은 '마싸'의 길인 것입니다.

여러분은 지금 '나싸'의 길과 '마싸'의 길 중에서 어디에 서 있습니까? 그런데 '나싸'와 '마싸'에는 좀 더 깊은 영적인 의미가 담겨져 있습니다. 본래 우리는 모두 '나싸'의 길로 갈 수밖에 없는 자들이었습니다. 그것이 우리의 본성이고 본질입니다. 타락한 인간은 계속해서 하나님께로부터 멀어질 수밖에 없는 존재이기 때문입니다. 타락한 인간의 눈에는 당연히 하나님과 반대되는 길이 좋아 보일 수밖에 없습니다. 그래서 우리가 신앙생활을 하다 보면 종종 내 눈에 좋아 보이는 것들이 하나님의 뜻에서는 벗어나 있는 것을 보곤 합니다.

왜 그렇습니까?

우리 안에 남아있는 이기심과 죄악들이 우리로 하여금 하나님의 길을 올바로 보지 못하게 만들기 때문에 그렇습니다. 즉 하나님의 길이 내가 지금껏 살아왔던 가치관과는 다르기 때문에 그곳이 우리의 눈에 좋아 보이지 않는 것입니다.

아브람도 그랬습니다. 그의 눈에는 가나안 땅이 탐탁지 않아 보였습니다. 하나님이 주신 땅을 돌아다녀 보면 볼수록 자꾸 자신이 살았던, 비옥하고 문명이 발달한 우르와 비교되었기 때문입니다. 그래서 그는 하나님이 약속하신 땅을 떠나 조금씩 남쪽으로 내려가다 결국 하나님과 멀어지는 '나싸'의 길을 가게 된 것입니다.

그러나 애굽에서 한바탕 큰 소란을 치르고 난 이후 아브람의 생각이 조금씩 바뀌기 시작했습니다. 애굽의 왕인 바로에게 일어난 일들과 그 일을 통하여 바로가 아브람에게 재물까지 쥐어 등 떠밀 듯이 내보낸 사건은 아브람으로 하여금 하나님이 자신과 함께하심을 깨닫게 만들었습니다.

그동안 우린 아브람이라고 하면, 믿음만을 너무 강조한 나머지 그의 믿음이 성장하는 측면을 간과하곤 했습니다. 그러나 사실 아브람은 하나님께 부르심을 받긴 했지만 아브람의 믿음도 처음엔 연약했습니다. 마치 오늘날 초신자처럼 아브람도 이제 막 하나님을 알아가고 믿음을 배워가는 단계였던 것입니다. 그리고 이런 아브람에게 애굽 사건은 하나님을 향한 그의 인식이 바뀌는 중요한 신앙의 전환점이 되었습니다.

이러한 아브람의 변화를 보여 주는 장면이 바로 창세기 13장 3절에 나옵니다. 즉 아브람이 처음으로 하나님께 단을 쌓고 하나님의 이름을 불렀던 첫 신앙고백의 장소인 벧엘로 올라가는 장면입니다. 벧엘은 히브리어로 집이라는 뜻을 가진 '베이트'와 하나님을 뜻하는 '엘'의 합성어로 '하나님의 집'이라는 뜻을 가지고 있습니다. 그러니까 벧엘을 향한 아브람의 여정 길은 그가 하나님을 찾아 가고 있다는 것을 보여 줍니다. 그리고 성경은 이렇게 신앙생활에 전환점을 맞아 하나님께로 올라가는 아브람의 길을 두고 '마싸'라고 말하는 것입니다.

그런데 이때 '마싸'의 어원을 보면 그 뜻이 '장막에서 말뚝을 뽑아내다'라는 것을 알 수 있습니다. 즉, 아브람이 다시 하나님을 찾아 올라가던 길은 그가 지금껏 살아왔던 인간적인 자신의 삶의 기준과 가치 판단들을 뽑아내며 올라가는 길이었습니다.

믿음이란 이런 것입니다. 그동안 우리가 가지고 살아왔던 인간적이고 세상적인 가치관을 뽑아내고 그곳에 성경적인 가치관으로 채워 나가는 것이 바로 믿음인 것입니다. 하지만 이것은 우리의 노력만으로는 불가능합니다. 왜냐하면 앞서 말했듯이 타락한 인간의 가치 판단은 하나님과 반대되는 길로 향할 수밖에 없기 때문입니다. 이런 우리의 모습을 성경은 이사야서에서 이렇게 말합니다.

> 우리는 다 양 같아서 그릇 행하여 각기 제 길로 갔거늘 여호와께서는
> 우리 모두의 죄악을 그에게 담당시키셨도다(사 53:6).

그런데 이런 인생 가운데 예수님이 찾아오셔서 '나싸'의 길을 '마싸'의 길로 바꾸어 내신 것입니다. 이것이 구원입니다. 그래서 구원받은 그리스도인들의 가치관은 세상의 가치관과 같을 수 없습니다.

세상의 가치관은 무엇입니까?

세상의 가치관은 나만의 이익과 유익만을 찾으며 자신의 안위를 위해 살아가는 것이 바로 세상의 가치관입니다. 성경은 이러한 세상의 가치관을 '내 눈에 좋아 보이는 것'이라고 말합니다.

선악과의 유혹에 빠진 아담과 하와의 눈이 그렇지 않았습니까?

분명 하나님이 먹지 말라 하셨는데도 불구하고 그것이 자신들의 눈에 '좋아 보인 것'입니다. 그런데 창세기 13장에서 뒤이어 나오는 사건을 보면 아브라함의 조카 롯이 바로 이 세상의 가치관인 '나싸' 길로 가는 것을 볼 수 있습니다.

3. 갈라서다

하나님을 찾아 다시 벧엘로 온 아브람에게 이번엔 거주의 문제가 발생했습니다. 고향에서 가지고 온 재물에 애굽 왕 바로에게 받은 재물까지 더해져 아브람과 조카 롯의 소유가 불어나다 보니 두 집안이 한 장소에서 함께 거주하기가 어려워진 것입니다. 이 문제는 결국 아

브람의 목자들과 롯의 목자들의 다툼으로까지 번지게 되었습니다. 결국 아브람은 롯을 불러 서로 각자의 길로 독립하자는 제안을 하며 조카인 롯에게 먼저 땅을 선택할 기회를 줍니다.

사실 이러한 아브람의 제안은 롯으로 하여금 가나안 땅에 대한 하나님의 약속에 함께 동참하자는 믿음의 제안이었습니다. 비록 한 지역에서 함께 거하지는 못한다 할지라도 하나님이 약속하신 땅 가운데 함께 거하며 하나님의 뜻에 동참하자고 손을 내민 것입니다. 그런데 이 아브람의 제안을 두고 고민하던 롯이 눈을 들어 요단 강 너머의 소돔과 고모라 땅을 바라보고 그 땅이 너무나 좋게 여겼습니다.

이때 창세기 13장 10절에서 롯의 눈에 그곳이 "여호와의 동산 같고 애굽 땅과 같았더라"라고 말합니다. 그런데 이러한 롯의 시선을 설명하는 성경의 표현을 보면 그 표현이 창세기 3장에서 사단의 유혹에 넘어간 최초의 인류가 선악과를 따먹는 장면과 비슷한 것을 알 수 있습니다.

> 여자가 그 나무를 본즉 먹음직도 하고 보암직도 하고 지혜롭게 할 만큼 탐스럽기도 한 나무인지라(창 3:6).

우리는 이를 통해, 아담과 하와가 자신의 눈에 보기 좋은 선악과를 먹고 타락했듯이 롯도 하나님의 뜻과는 반대로 자신의 눈에 좋아 보이는 길로 행하고 있음을 볼 수 있습니다. 결국 롯은 자신의 눈에 좋아 보이는 곳을 향함으로써 하나님과 멀어지는 길로 가게 된 것입니다. 성경은 이렇게 하나님과 멀어지는 롯의 모습을 두고 하나님과 반대의 길을 갈 때 표현하는 '동쪽'과 '나싸'라는 단어를 사용합니다 (창 13:11).

이렇듯 롯을 통해서 우리는 우리의 눈에 좋아 보이는 것이 하나님이 원하시는 길이 아닐 수 있다는 것을 알 수 있습니다. 롯은 고향에서부터 아브람과 긴 여정 길을 함께했음에도 불구하고 하나님을 향한 신앙으로의 전환이 없었습니다. 애굽에서의 사건이 아브람을 '나싸'의 길에서 하나님을 향한 '마싸'의 길로 가게 한 전환점이 된 반면에 롯에게는 그런 신앙의 변화가 없었던 것입니다. 그렇기에 그는 여전히 세상의 가치관을 가지고 자신의 눈에 좋아 보이는 길을 쫓아가게 된 것입니다.

오늘날 교회에서도 우리는 롯과 같은 사람들을 쉽게 찾아 볼 수 있습니다. 즉 오랫동안 교회는 다니고 신앙생활은 했음에도 불구하고 하나님을 향한 신앙의 전환이 없는 사람들입니다. 신앙의 전환이 없이는 가치관의 변화도 없습니다. 그래서 이런 사람들을 보면 교회를 다니고 신앙생활은 한다 하면서도 세상의 가치관을 가지고 세상의 방법으로 살아가는 것을 쉽게 보곤 합니다.

그러나 믿음은 가치관의 전환을 동반합니다. 신앙의 전환점을 맞는 순간 우리 인생의 우선순위가 바뀌고 인생의 목표와 목적이 바뀌는 것입니다. 그리고 이것이 바로 하나님의 뜻을 따라 살아가는 '마싸'의 길이라 할 수 있습니다.

4. 다시 한 번 더

아브람은 고향에서부터 함께해 온 유일한 혈육인 롯과 헤어지고 난 후 낯선 땅에 홀로 남아 있었습니다. 아브람은 유일한 친족이었던 롯이 자기 보기에 좋은 땅으로 떠나고 아브람 혼자 척박한 타지에, 그것도 다른 민족들 사이에 홀로 남아, 아마도 그 마음속에는 여러 복잡 미묘한 감정들이 뒤섞여 있었을 것입니다. 이때 이러한 아브람에게 하나님은 다시 나타나셔서 아브람에게 자신의 약속을 한 번 더 확인시켜 주시며 그의 믿음을 다잡아 주십니다.

> 롯이 아브람을 떠난 후에 여호와께서 아브람에게 이르시되 너는 눈을 들어 너 있는 곳에서 북쪽과 남쪽 그리고 동쪽과 서쪽을 바라보라 보이는 땅을 내가 너와 네 자손에게 주리니 영원히 이르리라(창 13:14-15).

그렇다면 하나님은 왜 이렇게 아브람에게 계속해서 나타나시고 반복해서 같은 약속을 하실까요?

이는 아브람이 아직 하나님을 온전히 신뢰하지 못하기 때문이었습니다. 오늘날 우리가 살아가는 사회에서는 상호 간에 약속할 때 공증해서 도장 찍고 사인해서 공적인 문서로 남깁니다. 사회 속에서는 공적인 문서만큼 서로에게 강력한 약속은 없습니다. 하지만 예를 들어 부모가 자녀에게 무엇을 사주겠다고 약속을 한다고 했을 때 자녀와의 약속을 두고 공증을 쓰고 도장을 찍고 문서화하는 사람은 없습니다. 그냥 말로 약속을 하는 것입니다.

그러면 자녀는 계속해서 몇 번이나 약속을 확인하려고 합니다.

"정말이야?"

"사주는 거야?"

"언제?"

왜 이렇게 묻습니까?

혹시나 자신의 부모가 약속을 어기지는 않을까 하고 의심하는 것입니다. 그리고 이럴 때마다 부모는 반복하여 대답해 주면서 자녀에게 약속을 확신시켜 줍니다.

하나님도 마찬가지입니다. 하나님이 아브람에게 찾아가 그에게 했던 약속을 다시 반복하시며 확인시켜 주시는 것은 그의 믿음이 계속 흔들리기 때문이었습니다. 아마도 유일한 친족이었던 롯이 환경적으로 좋은 땅으로 떠나고 척박한 타지에서 민족들 사이에 홀로 남은 아브람은 다시 한 번 자신의 선택이 옳은 것인지 고민했을 것입니다. 그리고 이러한 아브람의 흔들리는 믿음을 아신 하나님은 아브람에게 다시 한 번 더 찾아가 약속을 확인시켜 주시며 그의 믿음을 다잡아 주신 것입니다.

믿음은 이렇게 자라납니다. 처음부터 완벽하고 흔들리지 않는 믿음이라는 건 없습니다. 신앙생활을 오랫동안 하신 분들 가운데 믿음이 좋다는 분들의 얘기를 들어봐도 그 안에 수많은 신앙의 고뇌와 흔들림이 있었던 것을 알 수 있습니다.

그런데 이런 믿음의 위기와 흔들림 속에서도 하나님은 신실하게 우리를 붙잡아 믿음을 다시 확인시켜 주시고 다잡아 주십니다. 믿음은 이러한 신실하신 하나님의 붙들림 속에서 자라나는 것입니다. 우리가 품는 자기 확신이나 신앙의 열심으로 믿음이 자라나는 것이 결코 아닙니다. 그러니 가끔은 의심이 와도 믿음이 흔들려도 괜찮습니다. 왜냐하면 그 때마다 우리에게 찾아와 우리의 믿음을 다시 한 번 확인시켜 주시고 다잡아 주시는 우리의 아버지가 계시기 때문입니다.

제4장

전쟁 이야기

1. 인류의 첫 전쟁 이야기

아브람이 자신의 유일한 혈족이었던 롯과 이별한 후, 창세기 14장은 가나안 땅에서 벌어진 가나안 민족 간의 전쟁 이야기로 시작합니다. 이 가나안 땅의 전쟁은 성경에서 처음으로 전쟁이 등장하는 장면이기도 합니다. 그런데 이 가나안 땅에서 벌어진 전쟁의 이야기를 통하여 우리는 에덴의 범죄 이후에 하나님과 멀어진 인류의 죄악이 점점 더 심화되어 가고 있음을 알 수 있습니다.

최초의 인류였던 아담과 하와가 타락한 이후에 성경이 묘사한 첫 번째 사건이 무엇입니까?

바로 가인과 아벨 사이에서 벌어진 형제간의 살인 사건이었습니다. 인간의 타락 이후에 성경이 처음으로 묘사한 사건이 살인 사건이라는 것은 타락한 인간이 얼마나 비참하고 그 모습이 왜곡되어 갔는지를 잘 보여준다고 할 수 있습니다. 그리고 가인과 아벨 사이에 벌어진 살인 사건 이후에도 인류의 죄악은 점차 심해져만 갔습니다. 이에 결국 하나님은 노아와 그의 가족들을 제외한 타락한 인류를 심판하고자 하신 것입니다.

하지만 홍수 심판 이후에 새롭게 시작된 인류도 범죄의 굴레에서 벗어날 수는 없었습니다. 인류는 끊임없이 타락을 향해 나아갔고 종국에는 시날 평지에 모여 하나님을 대적하고자 바벨탑을 쌓은 후, 스스로 주인이 되는 자신들만의 나라를 건설하고자 한 것입니다. 결국 이 바벨탑의 결과로 하나님은 인간의 언어를 혼잡하게 하시고 세상 곳곳으로 그들을 흩어 버리셨습니다.

그런데 바벨탑 이후 여러 민족과 나라로 갈라진 인류가 어떠한 짓을 합니까?

여러 나라와 민족으로 흩어지자 이번에는 스스로가 세상의 패권을 장악하고 온 인류의 통치자가 되기 위하여 전쟁을 벌이기 시작했습니다. 이것이 전쟁의 역사입니다. 인류 역사 속에서 전쟁을 보십시오. 그 내면에는 세상을 통일하여 거대한 한 인간의 왕국을 만들고자 하는 죄가 숨겨져 있는 것을 알 수 있습니다. 그리고 이를 위하여 수많은 사람들의 목숨과 피를 수단화하고 도구화하는 것입니다. 결국 전쟁 또한 타락한 인간의 죄성이 만들어 낸 또 다른 죄의 결과물이었습니다.

2. 동쪽 연합군 vs 서쪽 연합군

14장에서 등장하는 성경 최초의 전쟁은 그동안 가나안 땅의 패권을 장악하고 있던 동쪽의 왕들과 여기에 반역을 꾀한 가나안 땅 서쪽 왕들 사이의 전쟁이었습니다. 흔히 우리가 잘 알고 있는 소돔과 고모라를 비롯한 아드마, 스보임, 소알은 가나안 서쪽에 위치한 나라였습니다. 그리고 이 서쪽 다섯 나라의 왕들은 동쪽에 위치한 나라 중에서도 가나안 땅의 패권을 장악하고 있었던 엘람 왕 그돌라오멜에게 조공을 바치며 그의 비호 아래 살고 있었습니다.

그러던 어느 날 소돔과 고모라를 비롯한 서쪽의 다섯 왕들이 나라가 점차 번성해 가고 군사력도 조금씩 불어나며 힘이 붙자 서로 연합하여 동쪽 그돌라오멜 왕에게 반역을 꾀한 것입니다. 그리고 이 서쪽 왕들의 반역에 맞서 엘람 왕 그돌라오멜이 시날, 엘라살, 고임 왕과 함께 동쪽 연합군을 꾸려 이 반역을 진입하고자 출정을 한 것이 전쟁의 시작이었습니다.

하지만 막상 전쟁이 시작되자 전쟁의 양상은 생각보다 쉽게 가나안의 패권자였던 그돌라오멜과 동쪽 연합군에게 넘어갔습니다. 엘람 왕인 그돌라오멜과 동쪽 연합군은 남쪽으로 진격하며 가나안 땅의 민족들을 하나하나 격파하며 내려왔고 싯딤 골짜기에서 치른, 소돔과 고모라를 비롯한 서쪽 다섯 나라 연합군과의 최후 격전에서도 승리를 거두게 되었습니다.

온 전력을 다해 치른 전쟁에서 패한 서쪽 연합군의 왕들은 모두 산속으로 도망을 쳤지만 그만 소돔 왕과 고모라 왕은 싯딤 골짜기의 역청 구정이에 빠지게 됩니다. 결국 소돔과 고모라의 재물과 그의 사람들은 고스란히 동쪽 연합군의 전리품으로 넘어가게 되었고 이 와중에 소돔 땅에서 살고 있던 아브람의 조카 롯 또한 그의 식솔들과 함께 포로로 사로잡혀 버린 것입니다.

그런데 우리는 여기서 앞선 창세기 13장까지만 해도 소돔 근처에서 거주하던 롯이 지금은 어느새 소돔 안으로 들어가 거주하고 있었다는 사실을 알 수 있습니다. 처음에는 롯도 소돔 안까지 바로 들어갈 생각은 하지 않았을 것입니다. 단지 그의 눈에 소돔이 발달하고 살기도 좋아 보이니 그 근처에만 거주하려 했을 것입니다.

하지만 롯은 처음엔 근처에 거주했지만 조금씩, 조금씩 소돔 가까이 가다가 결국에는 소돔 안까지 들어가 거주하기로 작정한 것입니다.

항상 죄의 문제는 이 "조금씩"에서 시작됩니다. 처음에는 죄의 문제에 대하여 적당한 거리를 두면서 '이 정도면 괜찮겠지'라고 생각했다가, 시간이 지나 눈을 떠보면 어느새 죄의 한가운데 들어가 있는 자신을 발견하게 되는 것입니다.

이러한 롯과 같은 신앙을 두고 흔히 경계선상의 그리스도인이라고도 합니다. 즉 세상과 하나님의 아슬아슬한 경계선 사이에서 외줄타기 하듯이 서 있는 것입니다.

하지만 믿음은 경계선에 있는 것이 아닙니다. 경계선에 서 있다는 것은 실질적으로는 믿음이 없다는 것과도 같습니다. 믿음은 하나님도 있고 세상도 있는 것이 아닙니다. 믿음은 오로지 하나님만을 향해 나아가는 것입니다. 물론 그 와중에 넘어질 수도 있고 좌절할 수도 있습니다. 하지만 그것과 상관없이 방향성이 하나님을 향하는 것입니다.

이런 의미에서 롯은 믿음이 없었습니다. 그는 하나님을 향해 서 있기보다 하나님 앞에 악하며 죄인인 소돔 땅을 향해 서 있던 것입니다. 그리고 이런 그의 모습이 비록 처음에는 하나님과 소돔의 경계에 서있는 것 같았지만 종국에는 롯의 시선이 향하고 있던 소돔 땅 안으로 그를 들어가게 만든 것입니다. 그리고 이 소돔의 세상에서 그는 한 순간에 비참한 전쟁 포로로 전락하게 된 것을 볼 수 있습니다.

3. 믿을 수 없는 승리

서쪽 연합군과 동쪽 연합군이 가나안 땅에서 치른 대전투의 소식은 가나안 곳곳으로 퍼져 갔을 것입니다. 그리고 이 소문 가운데, 서쪽 연합군인 소돔과 고모라 왕이 전쟁에서 지고 이 과정에서 조카인 롯이 포로로 사로잡혔다는 소식은 마므레 상수리 수풀 근처에 거주하던 아브람에게도 전해졌습니다.

이에 아브람은 자신의 밑에 있던 식솔 중에서 전투할 수 있도록 훈련받은 병사 318명을 데리고 롯을 구하러 구출 작전을 떠나게 됩니다.

이후 성경은 아브람이 동쪽 왕들의 연합군과 치른 전투 현장에 대해서는 어떠한 설명도 해 주지 않습니다. 단지 아브람이 그와 함께 한 병사들과 한밤중에 그들의 진영에 들어가 그들을 쳐부수고 그들이 빼앗았던 재물과 그의 조카 롯까지 구해왔다고만 설명할 뿐입니다.

우리가 조금만 생각해 보면 지금 이 아브람의 승리가 얼마나 놀라운 일인지 쉽게 알 수 있습니다.

아브람의 상대가 누구였습니까?

한 왕도 아니고 당시 패권을 장악하고 있던 엘람 왕 그돌라오멜을 비롯한 동쪽 네 왕들의 연합군이었습니다. 반면에 아브람과 함께 한 병사들은 그 연합군에 비하면 너무나 초라한, 그것도 정식 군대도 아닌 한 집안에서 훈련을 받은 318명에 불과했습니다.

그런데 이 아브람과 318명의 병사들이 네 개 나라의 연합군을 깨부수고 그들이 빼앗아간 재물까지 모두 되찾아온 것입니다. 우리는 종종 성경에서 하나님의 군사들이 계란으로 바위 치는 것과 같은 불가능해 보이는 전쟁 속에서도 하나님의 은혜로 승리를 거두는 것을 보곤 합니다.

아브람이 네 연합군과 싸운 전쟁도 마찬가지였습니다. 이 전투는 아브람의 뛰어난 실력이나 어떤 전략 때문에 이긴 것이 아니었습니다. 오직 하나님의 은혜로 승리를 거둔 것입니다. 그래서 성경은 이 전투에 대해 다른 자세한 묘사를 해 주지 않습니다. 단지 아브람이 그들을 쳐부쉈다고 짧게 서술할 뿐입니다. 하나님이 그렇게 승리하게 해 주셨다는 것입니다.

그리고 이 아브람이 치른 전투가 오직 하나님이 주신 승리라는 사실은 바로 뒤이어 나오는 살렘 왕 멜기세덱의 고백을 통해 더욱 밝히 드러나게 됩니다.

그가 아브람에게 축복하여 이르되 천지의 주재이시요 지극히 높으신 하나님이여 아브람에게 복을 주옵소서(창 14:19).

4. 제사장 멜기세덱

아브람이 동쪽 연합군과의 전투에서 대승리를 거두고 그들이 빼앗아간 재물과 자신의 조카인 롯까지 되찾아 돌아오는 길에 보니 그를 반기는 두 명의 사람이 있었습니다. 한 사람은 동쪽 연합군에게 패하여 자신의 재물을 빼앗겼던 소돔 왕이었고 또 다른 한 사람은 살렘의 왕이었던 멜기세덱이었습니다.

그런데 여기서 등장하는 살렘 왕 멜기세덱이라는 인물이 신비롭습니다. 소돔 왕은 창세기 14장의 시작부터 등장하는 전쟁의 원인이 된 서쪽 연합군의 왕 가운데 하나로 이미 언급되었지만, 멜기세덱은 아브람이 전투에서 승리를 거두고 돌아오는 17절 전까지 성경 어디에서도 등장하지 않았던 인물입니다. 게다가 멜기세덱은 가나안 땅에서 벌어진 전투와는 하등 상관이 없어 보이는 왕처럼 보입니다.

성경은 이런 멜기세덱을 묘사하며 살렘 왕이라고 설명하는데 여기서 살렘은 훗날 이스라엘의 수도인 예루살렘을 뜻한다고 할 수 있습니다. 그리고 멜기세덱이라는 이름의 뜻은 '의로운 왕'입니다. 여기에 더하여 살렘은 평화라는 뜻을 지니고 있었으므로 '살렘 왕 멜기세덱'이라는 말은 말 그대로 평화의 왕, 의로운 왕이라는 뜻입니다. 그리고 성경은 멜기세덱을 단순한 왕을 넘어 하나님의 제사장이었다고 설명해 줍니다.

지금껏 아브람 외에 그 누구도 하나님을 아는 자가 없어 보였던 가나안 땅에서 이미 하나님을 알고 하나님의 제사장 직분을 담당하던 자가 있었다는 것은 매우 놀라운 일이었습니다. 그리고 이는 아브람에게도 마찬가지였을 것입니다. 하나님의 말씀을 따라 아무도 모르는 낯선 땅에 와 자신 혼자서만 하나님을 섬기고 있다고 생각했던 아브람에게 멜기세덱의 등장은 또 다른 신앙의 전환이었습니다. 또한 이러한 멜기세덱의 등장은 자칫 엄청난 승리 이후 잔뜩 어깨에 힘이 들어가 자만할 수 있는 아브람으로 하여금 다시 하나님 앞으로 나아가게 합니다.

그렇다면 도대체 멜기세덱의 정체는 무엇이었을까요?

훗날 기록된 히브리서는 창세기 14장에서 등장하는 멜기세덱을 두고 이렇게 묘사합니다.

> 아브라함이 모든 것의 십분의 일을 그에게 나누어 주니라 그 이름을 해석하면 먼저는 의의 왕이요 그 다음은 살렘 왕이니 곧 평강의 왕이요 아버지도 없고 어머니도 없고 족보도 없고 시작한 날도 없고 생명의 끝도 없어 하나님의 아들과 닮아서 항상 제사장으로 있느니라
> (히 7:2-3).

히브리서 기자는 멜기세덱을 이야기하면서 그에게 아버지도 없고 어머니도 없고 족보도 없고 시작한 날도 없고 생명의 끝도 없다고 말하는 것을 볼 수 있습니다. 이 말만 들어보면 마치 그가 하나님처럼

보이기도 합니다. 하지만 여기서 히브리서가 이야기하는 '없다'라는 말은 실제로 그가 부모도 없고 시작한 날도 없다는 말이 아닙니다. 히브리서가 멜기세덱을 설명하면서 '없다'라는 것을 강조하는 이유는 그의 제사장직과 그의 일생을 설명할 '족보'가 없다는 것에 있습니다.

이스라엘에서 제사장직은 누가 담당할 수 있었습니까?

바로 레위의 후손, 즉 레위 자손들에게 맡겨진 직분이 제사장직이 었습니다. 그러나 멜기세덱은 레위가 세상에 나기도 전에, 아브람이 가나안 땅에 오기도 전부터 하나님의 제사장으로 가나안 땅에서 존재하고 있었습니다. 성경은 이런 멜기세덱을 두고 '그의 족보를 알 수 없다'라고 말합니다. 그리고 이런 멜기세덱의 모습은 마치 예수님의 모습을 연상시킵니다.

성경은 예수님을 이야기하면서 대제사장으로 예수님을 묘사하기도 합니다. 그런데 예수님은 혈통으로만 보자면 제사장 지파인 레위의 자손이 아니었습니다. 예수님은 인간의 혈통으로는 유다의 자손이셨지만 하나님의 아들로서 대제사장의 직분을 담당하실 수 있으셨던 것입니다. 그러므로 예수님도 제사장의 족보로만 따진다면 족보가 없다고 할 수 있습니다. 이러한 예수님의 대제사장직을 히브리서에서는 다음과 같이 설명합니다.

> 우리 주께서는 유다로부터 나신 것이 분명하도다 이 지파에는 모세가 제사장들에 관하여 말한 것이 하나도 없고 멜기세덱과 같은 별다른 한 제사장이 일어난 것을 보니 더욱 분명하도다(히 7:14-15).

히브리서 기자가 이야기하는 것이 무엇입니까?

대제사장이신 예수님과 멜기세덱의 공통점을 이야기하면서 둘 다 레위 지파가 아님에도 불구하고 족보와 상관없이 다른 제사장으로 일어섰다고 말하고 있습니다. 이와 같은 공통점 때문에 멜기세덱은 장차 오실 예수님의 모형으로 볼 수 있는 것입니다.

하지만 그는 분명 아브람과 함께 가나안 땅에 살고 있던 한 왕이자 제사장으로서 실존했던 인물이었습니다.

이런 멜기세덱이 불가능해 보였던 전투에서 승리하고 돌아오는 아브람을 맞이하며 던진 첫마디가 무엇입니까?

한글 성경에서는 "천지의 주재이시요"라는 말이 먼저 등장하지만 히브리어 성경을 보면 "아브람에게 복을 주옵소서"라는 아브람에게 하나님의 복을 비는 말이 먼저 나오는 것을 알 수 있습니다. 그리고 우리는 아브람의 이야기에서 과거 하나님이 아브람에게 복을 주시는 첫 장면을 기억하고 있습니다. 바로 12장에서 하나님이 아브람을 처음으로 부르시던 장면입니다.

> 내가 너로 큰 민족을 이루고 네게 복을 주어 네 이름을 창대하게 하리라 너는 복이 될 지라 너를 축복하는 자에게는 내가 복을 내리고 너를 저주하는 자에게는 내가 저주하리니 땅의 모든 족속이 너로 말미암아 복을 얻을 것이라 하신지라(창 12:2-3).

멜기세덱의 첫마디를 통해 아브라함이 무엇을 깨닫습니까?

바로 자신이 거둔 승리가 자신의 능력에서 비롯된 것이 아니라 하나님이 자신에게 주신 복이었음을 깨닫게 된 것입니다. 이에 멜기세덱의 축복을 들은 아브람은 자신이 얻은 물건 중 십분의 일을 떼어 제사장인 멜기세덱에게 줍니다. 이것이 성경에서 행해진 최초의 십일조였습니다. 자신이 가진 것 중에서 십분의 일을 뗀다는 것은 단순히 내가 가진 것 중에서 하나를 떼어 낸다는 의미가 아닙니다. 고대에서 십은 완전을 뜻하며 전부라는 의미를 가지고 있었습니다. 이 완전을 뜻하는 십에서 하나가 빠지게 되면 이는 불완전한 것이 됩니다.

하지만 그럼에도 불구하고 자신이 가진 전부에서 하나를 떼어 낸다는 것은 내가 가진 이 전부가 하나님의 것이라는 고백의 의미가 담겨져 있는 것입니다. 아브람이 멜기세덱에게 바치는 십일조에 담긴 의미도 바로 이것이었습니다. 아브람은 멜기세덱의 축복을 통하여 자신이 거둔 승리가 하나님이 주신 복임을 깨닫고 전쟁의 참 승리자는 자신이 아니라 하나님이시라는 신앙고백을 한 것입니다.

오늘날 십일조의 의미도 바로 이 신앙고백에 있습니다. 오늘날 우리가 하나님께 드리는 십일조는 내가 더 큰 복을 받기 위한 수단도 아니고 단순히 나의 소유 중에서 한 부분을 떼어 하나님께 드리는 것도 아닙니다. 내가 살아가고 영위하는 모든 것과 나의 모든 소유가 다 하나님께로부터 온 것이라는 신앙고백이 바로 십일조입니다.

그러므로 십일조의 정신은 정확히 십의 일조를 따져가며 얼마를 했느냐에 있지 않습니다. 내가 얼마나 나의 소유들과 내가 가진 모든 것들을 하나님의 것으로 고백하는가에 달려있는 것입니다.

5. '아샤르'와 '마아쉐르'

앞서 우리는 승리를 거둔 아브람을 맞이하러 나온 두 명의 인물을 보았습니다. 바로 살렘 왕 멜기세덱과 또 다른 인물인 소돔 왕이었습니다. 앞의 창세기 13장 13절에서는 소돔에 대해서 한 문장으로 설명했습니다.

<blockquote>소돔 사람은 여호와 앞에 악하여 큰 죄인이었더라(창 13:13).</blockquote>

이를 통해서 우리는 소돔이 죄악된 세상을 상징하는 것을 알 수 있습니다.

그런데 하나님의 제사장인 멜기세덱이 아브람에게 하나님의 복을 선포했다면 뒤이어 등장하는 세상을 상징하는 소돔 왕이 아브람에게 나아와 말하는 내용은 무엇입니까?

<blockquote>소돔 왕이 아브라함에게 이르되 사람은 내게 보내고 물품은 네가 가지라(창 14:21).</blockquote>

성경은 소돔 왕이 아브람에게 매우 달콤한 제안을 하고 있음을 보여 줍니다.

지금 소돔 왕의 제안이 얼마나 달콤한 제안입니까?

멜기세덱이 아브람에게 '네가 거둔 승리와 재물은 다 네 것이 아니라 하나님이 하신 것이다'라고 했다면, 반면 소돔 왕은 '그거 다 아브람 네가 거둔 너의 승리이고 네 것이니 네가 가지라'라고 말하는 것입니다. 자신에게는 빼앗긴 사람만 보내주면 모든 전리품은 다 아브람에게 주겠다고 말하는 것을 볼 수 있습니다.

이 얼마나 달콤한 제안입니까?

그리고 얼핏 듣기에도 틀린 것이 하나도 없는 맞는 말인 듯합니다. 그런데 이것이 오늘날 우리를 향한 세상의 유혹입니다. 세상은 오늘날에도 끊임없이 우리가 누리고 살아가는 우리의 인생이 '네 것이다'라고 유혹합니다. 그러니 '네가 하고 싶은 대로 하고, 네가 할 수 있는 대로 결정하고, 네가 가지고 싶어 하는 것이 있으면 수단과 방법을 가리지 말고 쟁취하라'라고 말합니다. 즉 '네가 가지기를 원하면 다 가질 수 있다'라고 말하는 것입니다. 이것이 세상의 달콤한 유혹입니다.

반면에 성경은 무엇이라고 말합니까?

성경은 우리의 인생이 우리의 것이 아니라고 말합니다. 우리 인생의 주인이 우리가 아니라 하나님이라고 말합니다. 그러니 '내가 하고 싶은 대로 살고, 내가 원하는 대로 가는 것이 인생이 아니라 하나님이 원하시는 가치와 기준을 따라 사는 것이 바른 인생이다'라고 말하는 것입니다. 그리고 이런 신앙의 고백을 담은 것이 바로 십일조입니다. 전부를 뜻하는 십 중에서 하나를 떼어 나의 인생의 전부가 하나님의 것이라고 고백하는 것입니다.

아브람을 향한 소돔 왕의 요구에는 소돔과 함께하자는 아브람을 향한 동맹의 요구가 숨겨져 있었습니다. 생각해 보십시오. 아브람은 당시 패권을 장악하던 그돌라오멜을 비롯한 동쪽 연합군을 쳐부순 상태였습니다. 그것도 고작 318명의 병사로 엄청난 승리를 거둔 것입니다. 이 승리로 인하여 아브람에게는 가나안 땅의 패권이 넘어 올 수 있는 엄청난 기회가 생겼습니다. 그리고 이것을 소돔 왕도 알았을 것입니다. 이에 정치적인 계산을 한 소돔 왕이 아브람으로 하여금 가나안 땅의 패권을 장악할 수 있는 기회를 주겠다고 달콤한 제안을 하는 것입니다.

그런데 이때 아브람이 무엇이라고 말합니까?

> 아브람이 소돔 왕에게 이르되 천지의 주재이시요 지극히 높으신 하나님 여호와께 내가 손을 들어 맹세하노니 네 말이 내가 아브람으로 치부하게 하였다 할까 하여 네게 속한 것은 실 한 오리기나 들메끈 한 가닥도 내가 가지지 아니하리라(창 14:22-23).

소돔 왕의 달콤한 제안에 아브람의 첫 대답이 무엇이었습니까? 바로 하나님을 향한 신앙고백이었습니다.

> 천지의 주재이시요 지극히 높으신 하나님 여호와께 ….

이 말이 무슨 뜻입니까?

세상의 모든 권세와 주권이 하나님께 있다는 말입니다. 즉, 하나님이 약속하신 가나안 땅은 인간의 힘이나 패권으로 장악하는 것이 아니라 하나님이 허락하실 때 얻게 된다는 고백이 아브람의 입을 통하여 드디어 터져 나온 것입니다.

아브람이 소돔 왕의 제안을 거절한 가장 큰 이유는 소돔 왕으로 하여금 '자신이 아브람을 가나안 땅의 패권자이자 부자로 만들어줬다'라고 말할 여지를 만들어 줄 수 있었기 때문이었습니다. 비록 시간과 방법으로는 느릴 수는 있지만 아브람은 소돔의 도움이 아니라 하나님의 도움을 기다리기로 결심한 것입니다.

그런데 여기서 개역개정 성경이 "치부하게 하였다"라고 번역한 이 말을 히브리어로 보면 '아샤르'라는 말입니다. 반면 아브람이 멜기세덱에게 십분의 일을 주었다고 할 때 십일조는 히브리어로 '마아쉐르'인 것을 알 수 있습니다. 이 '아샤르'와 '마아쉐르'는 앞서 보았던 '마싸'와 '나싸'와 같이 비슷한 히브리어 발음을 가지고 표현한 히브리어 특유의 말놀이입니다.

그렇다면 '아샤르'는 무엇일까요?

'아샤르'는 바로 인간의 수단과 방법을 통해 부자가 되는 길이었습니다. 아브람의 경우에는 소돔과 손을 잡고 패권을 장악하는 길이 이 '아샤르'의 길이라 할 수 있을 것입니다. 하지만 아브람은 '아샤르'의 길을 가지 않습니다.

대신 어떤 길을 갑니까?

자신의 모든 소유와 일생을 하나님께 맡기는 '마아쉐르'의 길을 가고자 고백한 것입니다.

세상은 오늘날에도 소돔 왕과 같이 우리를 유혹합니다. 세상과 손잡고 세상의 방법을 따르면 우리를 부자로 만들어 주겠다는 '아샤르'의 길로 우리를 유혹하는 것입니다. 그리고 실제로 세상을 살아가는 우리에게 이 유혹은 너무나 달콤하게 다가옵니다. 그래서 많은 사람들이 세상의 유혹에 넘어가기도 합니다.

하지만 우리는 그것으로 살아가는 자들이 아닙니다. 우리는 이 세상의 주인은 오직 하나님이시며 우리의 인생 또한 하나님께 있다는 십일조의 고백인 '마아쉐르'로 살아가는 자들입니다. 비록 그 길이 인간의 눈에, 방법론적으로 볼 때는 미련하고 느려 보일 수 있지만 그럼에도 불구하고 우리는 하나님의 약속을 신실하게 붙잡고 나아가는 자들입니다.

제 5 장

갈라지신 하나님

창세기 15장은 성경 전체를 통틀어 보아도 중요한 장 중에 하나입니다. 왜냐하면 15장에서 '아브람이 믿음으로 의롭다함을' 얻는 이신칭의의 기본 개념이 처음으로 등장하기 때문입니다. 그래서 신약에서도 이신칭의를 설명할 때 창세기 15장에 등장한 아브람의 이야기를 인용하는 것을 볼 수 있습니다(롬 4:3; 갈 3:6).

15장은 전체를 주제에 따라 나누면 크게 두 개의 장면으로 나눌 수 있습니다.

첫 번째는 하나님이 아브람에게 찾아와 그에게 주신 약속을 아브람이 믿는 장면입니다.

두 번째는 하나님이 아브람에게 하신 약속을 지키실 것을 맹세하시며 아브람과 언약 체결식을 가지십니다.

이 두 가지의 주제를 두고 '믿음'과 '언약'이라고 합니다. 그래서 우리가 15장을 더욱 잘 이해하기 위해서 이 '믿음'과 '언약'이라는 두 개의 큰 주제 속에서 살펴보아야 합니다.

1. 선지자 아브람

15장의 시작은 어느 날 하나님이 아브람에게 환상 중에 찾아오시는 것으로 시작합니다.

그런데 이때 성경은 하나님이 아브람에게 찾아오시는 장면을 이야기하면서 '여호와의 말씀이 환상 중에 아브람에게 임하였다'고 표현하는 것을 볼 수 있습니다. '여호와의 말씀이 임하였다'는 말은 흔히 선지서에서 하나님의 말씀을 받아 활동하던 선지자들에게 쓰이던 고유한 표현 중 하나였습니다. 선지자들은 그 역할이 하나님의 말씀을 받아 대언하는 역할을 감당했기 때문에 '~에게 여호와의 말씀이 임하였다'는 표현이 사용되곤 했습니다.

그런데 선지서보다 앞선 창세기 15장에서 이러한 선지자적인 표현이 아브람에게 처음으로 사용되는 것을 볼 수 있습니다. 이는 곧 아브람이 첫 선지자 역할을 감당하고 있음을 보여 줍니다. 아브람은 이스라엘 역사에서 믿음의 조상이기도 했지만 이스라엘 역사상 첫 선지자라고도 할 수 있습니다. 그래서 창세기 20장에서는 하나님이 직접적으로 아브람을 향하여 선지자라고 지칭하시는 것을 볼 수 있습니다.

이렇듯 아브람이 선지자로서의 역할도 감당했다는 것은 곧 아브람을 향한 하나님의 부르심이 그로 하여금 큰 민족을 이루게 하시는 것도 있지만 그에게 하나님의 사자로서의 역할도 부여하신 것을 알 수 있습니다. 즉, 아브람은 하나님을 모르는 가나안 땅에서 하나님의 살아계심을 선포하고 전하는 선지자로서의 역할도 감당한 것입니다.

그리고 오늘날 우리도 하나님의 사자로서 선지자적인 역할을 맡은 자들입니다. 구약의 선지자가 하나님의 말씀을 직접적으로 받아 전하는 자였다면, 오늘날 선지자는 계시된 말씀인 성경을 전하는 자들이라고 할 수 있습니다. 이는 단순히 설교만을 의미하지 않습니다. 그리고 목회자의 역할만을 말하는 것도 아닙니다. 오늘날 선지자는 성경의 가치관과 성경의 진리를 외치는 자들을 모두 포함한다고 할 수 있습니다.

지금의 시대를 보십시오. 조금만 눈을 돌리면 사회적으로 수많은 타락과 성적인 문란이 넘치고 시대의 가치관과 정신이 세상을 사로잡고 있는 것을 쉽게 볼 수 있습니다. 이러한 세상 속에서 하나님을 믿는 자들은 세상의 가치관에 휩쓸리지 않고 성경의 가치관과 진리를 담대히 외치는 자들이어야 합니다. 세상의 거대한 흐름에 맞서 성경의 진리를 부르짖어야 합니다.

이러한 의미에서 오늘날에는 예수 그리스도를 믿음으로 고백하고 성경의 가치관을 진리로 고백하는 자들은 모두 선지자적 역할을 감당하는 자들이라고 할 수 있습니다. 그리고 이는 단순히 믿음과 고백으로 끝나는 것이 아니라 성경적 진리와 가치를 삶으로 선포하고 살아내는 것을 뜻합니다. 바로 이것이 현 시대의 선지자인 우리의 역할입니다.

2. 아브람의 믿음

아브람을 찾아오신 하나님이 그에게 던진 첫마디는 하나님이 친히 아브람의 큰 방패와 상급이 되신다는 말이었습니다. 그런데 이 말을 하시기 전 하나님은 먼저 아브람에게 두려워하지 말라고 말씀하시는 것을 볼 수 있습니다.

> 이 후에 여호와의 말씀이 환상 중에 아브람에게 임하여 이르시되 아브람아 두려워하지 말라 나는 네 방패요 너의 지극히 큰 상급이니라(창 15:1).

창세기 15장 1절은 "이 후에"라는 말로 시작합니다. 이는 아브람을 향한 하나님의 말씀이 앞선 14장의 사건과 연관이 있음을 보여 줍니다.

앞서 아브람은 가나안의 패권을 장악하고 있던 그돌라오멜을 비롯한 네 나라의 동쪽 연합군을 이기고 자신의 조카 롯을 포함한 전쟁의 전리품까지 얻어 왔습니다. 하지만 이 엄청난 승리에도 불구하고 정작 아브람에게 남아 있는 것은 하나도 없었습니다. 오히려 이 전투에서 승리한 아브람에게 남은 것은, '혹여나 그돌라오멜을 비롯한 동쪽의 연합군이 나에게 보복하러 오지는 않을까'라는 두려움뿐이었습니다.

그런데 보복의 두려움과 공허함 속에 쌓여 있던 아브람에게 하나님이 찾아오셔서 친히 아브람의 방패가 되시며 큰 상급이 되시겠다고 말씀하시는 것입니다. 그리고 아브람을 향한 하나님의 약속 이후, 성경에서 처음으로 아브람이 하나님께 대답하는 것을 볼 수 있습니다.

그런데 이때 하나님을 향한 아브람의 첫 대답이 무엇입니까?

다른 것도 아닌 질문이었습니다.

> … 주 여호와여 무엇을 내게 주시려 하나이까 …(창 15:2).

이 질문이 성경이 묘사하는 하나님을 향한 아브람의 첫 대답입니다. 사실 아브람의 이 질문 속에는 많은 것들이 내포되어 있었습니다. 아브람이 하나님을 향하여 '무엇을 주시려 합니까?'라고 한 질문 속에는 다음과 같은 질문이 담겨 있습니다.

'하나님 제게 자식을 준다고 하지 않았습니까?
벌써 수년의 시간이 흘렀지만 저에게 자식이 어디에 있습니까?'
'하나님 제게 땅을 주신다고 하지 않았습니까?
그런데 지금 변변한 땅이 도대체 어디에 있습니까?'
'하나님 저를 복으로 만들어 주신다고 하시지 않았습니까?
그런데 지금 저의 모습이 정말 복입니까?'

이런 복합적인 질문은 아브람이 가나안 땅에 온 이후부터 품고 있었던 것입니다.

사실 우리도 신앙생활을 해 나가다 보면 신앙생활이 질문의 연속임을 어렵지 않게 경험할 수 있습니다. 신앙생활을 하면서 세상을 살다 보면 가장 이해가 안 되는 것 중의 하나가 우리의 삶 속에서 벌어지는 수많은 일들 가운데 우리의 생각으로 쉽게 이해가 되지 않는 것들이 있다는 것입니다. 분명 나에게 벌어지는 일들임에도 불구하고 나의 이해의 범주에서는 해석이 안 되는 것입니다. 그리고 여기서 신앙의 딜레마가 오곤 합니다.

오늘 성경이 처음으로 기록한 아브람의 첫 대답이 질문이라는 것 또한 이러한 아브람의 신앙적 딜레마를 보여 줍니다. 아브람이 갈대아 우르를 떠난 이후 지금까지 걸어온 여정 길은 물음표와 같은 길이었습니다. 그중에서도 아브람이 품고 있었던 가장 큰 딜레마는 바로 자신에게 자식이 없다는 것이었습니다. 왜냐하면 하나님이 그에게 아무리 많은 땅을 주고 많은 소유를 준다고 해도 자식이 없다면 다 무용지물이 되기 때문입니다.

이러한 아브람의 마음 속 딜레마를 알고 계신 하나님은 다시 한 번 아브람에게 그와 사래의 사이에서 태어날 적장자가 그의 상속자가 될 것이라고 확증하시고, 그를 밖으로 이끌어 내어 밤하늘의 수많은 별들을 시청각 자료로 사용하십니다. 밤하늘의 셀 수 없이 수많은 별과 같이 아브람의 자손이 많아질 것이라고 약속하십니다.

하나님이 밤하늘의 별을 시청각 자료로 사용하면서까지 아브람에게 다시 한 번 약속을 확인시켜 주시자, 성경은 말하기를, '아브람이 하나님을 믿었다'라고 합니다. 처음으로 하나님의 약속에 대한 아브람의 반응이 나온 것입니다. 그 반응은 하나님의 말씀을 향한 '믿음'이었습니다. 그리고 하나님은 이 아브람의 '믿음'을 그의 '의'로 여겨 주셨습니다.

그렇다면 하나님이 아브람의 믿음을 의로 여겨 주셨다는 말이 무슨 의미일까요?

성경에서 '의'는 일반적으로 도덕적, 윤리적으로 바른 행동을 뜻합니다. 하지만 아브람은 지금 하나님 앞에 그 어떠한 행동도 취하지 않았습니다. 그는 그저 하나님의 말씀을 마음으로 믿을 뿐이었습니다. 그럼에도 불구하고 하나님은 이 아브람의 믿음을 그의 '바른 행위'로 여겨 주셨습니다.

그리고 우리는 바로 여기서 '믿음으로 의롭다 함을 받는다'고 하는 이신칭의의 중요한 개념이 시작하는 것을 볼 수 있습니다. 하나님 앞에 '의롭다 함'은 어떠한 행위나 행동으로 얻어지는 것이 아닙니다. 왜냐하면 성경은 우리가 하나님 앞에 온전히 의로운 행동을 할 수 없는 존재라고 말하기 때문입니다. 이제까지의 아브람이 걸어온 모습만 봐도 이를 쉽게 알 수 있습니다.

그의 모습은 얼마나 연약하고 그의 믿음은 얼마나 갈대와 같았습니까? 이것이 아브람의 실력이었습니다. 성경은 비록 아브람이 하나님을 믿었다라고 하지만 그의 실제적인 모습과 행동은 믿음과는 거리가 멀었던 것입니다. 실제로 그동안 그의 행적들은 도저히 하나님 앞에 '바른 행동'이라고 보기 어려운 것들이 대부분이었습니다. 그럼에도 불구하고 하나님은 그의 믿음을 '바른 행위' 즉, '의'로 여겨 주셨습니다.

그런데 하나님이 연약한 아브람의 모습을 '바른 행동,' 즉 의로 여겨 주시는 데는 중요한 이유가 하나 있었습니다. 그것은 바로 믿음의 조건이 아브람에게 있지 않고 하나님께 있기 때문이었습니다. 이를 다른 말로 하면 하나님이 그렇게 만들어 주시겠다는 '하나님의 자기 확신'이라고도 할 수 있습니다.

3. 하나님의 희생 언약

아브람의 믿음을 '의롭다'고 할 때에 이 믿음의 조건은 아브람에게 있는 것이 아니라 하나님께 있다고 했습니다. 이는 다른 말로 하면

'하나님의 자기 확신'입니다. 우리는 이러한 '하나님의 자기 확신'을 15장의 두 번째 장면이자 두 번째 주제인 언약 체결식에서 확인할 수 있습니다. 아브람에게 자식에 대한 약속을 다시 확신시켜 주신 하나님은 이어서 땅에 대한 약속도 확신을 시켜 주십니다.

그리고 이때 하나님의 약속을 받은 아브람이 이번에는 하나님께 약속을 확인할 수 있는 증표를 달라고 합니다. 그리고 아브람의 이러한 요구에 하나님은 당시 고대에서 상호 간에 언약을 확증할 때 사용되곤 했던 언약 체결식을 거행하십니다.

오늘날에는 상호 간에 계약을 체결할 때 계약서를 쓰고 이 증서의 법적인 효력을 위해 공증을 쓴다고 한다면, 고대 시대에는 다섯 마리의 짐승을 놓고 반으로 쪼갠 후 쪼개진 짐승의 사이를 서로가 지나가는 것으로 계약을 맺었습니다. 이때 갈라진 짐승 사이로 서로가 지나가는 것에 담긴 의미는 만약 둘 중에 누구라도 서로가 맺은 약속을 어긴 사람은 반으로 쪼개진 짐승처럼 목숨을 내놓아야 한다는 의미가 담겨 있었습니다.

하나님은 바로 이 목숨을 담보로 하는 당시에 흔히 사용되던 상호 간의 언약 체결식의 형태를 따라 아브람과 언약을 맺으시는 것입니다.

1) 약속의 방해 세력

그런데 성경을 보면 아브람과 하나님 사이의 언약 체결식을 준비 하는 과정에서 언약 체결식을 위해 갈라놓은 짐승의 피 냄새를 맡은 솔개가 짐승 위에 내려 앉는 것을 봅니다. 그리고 이때마다 아브람은 솔개를 내쫓았습니다. 간혹 이 장면을 두고 솔개를 사탄으로 보고 쪼개지 않은 비둘기를 성령으로 보면서 사탄의 세력과 성령의 대결로 해석하는 분들이 있습니다. 하지만 이는 지나친 상징적 확대 해석입니다.

하지만 그렇다고 해서 솔개가 내려앉는 것이 아무런 의미가 없는 것도 아닙니다. 언약 체결식을 맺기 위해 준비한 짐승들 위로 솔개가 내려오는 것은 하나님의 언약에도 방해 세력은 존재한다는 것을 보여 줍니다. 그리고 이 솔개는 고대에서 애굽을 상징하는 동물로 사용되곤 했습니다.

이러한 것을 종합해서 볼 때 하나님과 아브람의 언약 체결식을 방해하는 솔개는 훗날 아브람의 자손인 이스라엘이 애굽을 떠나 하나님이 약속하신 가나안 땅으로 가고자 할 때 이를 방해하는 애굽의 왕 바로의 방해를 예언한다고 볼 수 있습니다.

2) 심판의 준비

언약 체결식의 준비가 끝난 후에 하나님은 환상 중에 아브람에게 찾아와 그의 자손이 이방 땅에서 4백 년간 종살이를 한 후에야 약속의 땅으로 올라오게 될 것을 말씀해 주십니다. 그리고 그 이유로 아직 가나안 땅에 죄악이 가득차지 않았기 때문이라고 말씀하십니다.

여기서 우리는 하나님이 아브람과 그의 자손으로 하여금 가나안 땅을 차지하게 하시는 중요한 이유 중 하나가 바로 죄악된 땅을 향한 심판에 있다는 것을 알 수 있습니다.

단, 이 심판의 때가 지금은 아니라는 것입니다. 즉 그 땅에 더 죄악이 가득하여 심판의 날이 오면 그 때 하나님이 이스라엘을 통하여 가나안 땅을 심판하실 것이라 예언입니다.

오늘날 우리도 세상을 살다 보면 선하게 사는 사람들보다는 악한 사람들이 세상에서 더 성공하고 잘나가는 것을 보곤 합니다. 간혹 이런 모습을 볼 때면 세상은 오히려 악할수록 더욱 잘 되는 곳은 아닐까 하는 생각이 들 때도 있습니다. 그리고 이런 모습들을 보면서 우리는 왜 하나님은 저런 악한 자들을 심판하지 않으실까 하는 생각을 하기도 합니다.

그러나 하나님은 악인들을 심판하지 않으시는 것이 아닙니다. 하나님은 심판의 때까지 그들을 잠시 내버려 두시는 것입니다. 이것을 신학적으로는 '유기'라고 합니다. '잠시 동안 마음대로 행동하도록 내버려 둔다'는 것입니다. 사실은 이게 더 무서운 것입니다. 진짜 무서운 것은 누군가의 행동이 잘못된 것인 줄 알면서도 그를 그 상태 그대로 내버려 두는 것입니다.

그러므로 우리는 악인들의 득세를 보고 시험에 들 필요가 없습니다. 왜냐하면 그들은 잠시 세상에서 득세하는 것처럼 보이지만 실제로는 심판을 향해 가고 있는 중이기 때문입니다. 그리고 하나님의 때가 가득 찼을 때 반드시 그들을 향한 심판이 임할 것입니다.

반면에 세상에서 득세하던 악인들이 심판받는 그날은 도리어 성도에게는 영광의 날이 될 것입니다. 그러므로 성도는 세상에서 악인들이 잠시 득세하고 성공하는 것을 부러워할 필요가 없습니다. 왜냐하면 그들의 끝에서 그들을 기다리고 있는 것은 심판이기 때문입니다.

3) 왜 애굽일까?

비록 15장에서는 이스라엘이 '이방에서 객'이 된다고만 나오지만 우리는 훗날 이 이방이 애굽을 의미하는 것을 알고 있습니다.

그렇다면 왜 하필 애굽이었을까요?

하나님이 이스라엘을 애굽으로 내려 보내신 데에는 이유가 있었습니다. 그것은 바로 이스라엘을 죄악된 가나안으로부터 지켜내고 그들을 번성하게 하기 위함이었습니다. 하나님의 약속대로 아브람의 자손이 번성하기 위해서는 그들이 안정적으로 번성할 지역이 필요했습니다.

왜냐하면 어느 집단이든지 인구가 많아지고 세력이 불어나기 시작하면 필연적으로 주변 나라로부터 견제를 받을 수밖에 없기 때문입니다. 이러한 의미에서 다른 민족들이 집단적으로 모여 살고 있는 가나안 땅은 이스라엘이 번성하기에 알맞은 땅은 아니었습니다. 그런데 만약 아브람의 자손들이 가나안 땅에서 계속 정착하며 번성했다면 가나안 민족들의 견제와 전쟁으로 그들은 안정적으로 성장하는 데 어려움을 겪었을 것입니다.

반면 애굽은 그 지리상의 이점 때문에 역사적으로도 외세의 침략이 적은 나라였습니다. 그러다 보니 애굽은 이방인에 대한 적대감 또한 적었고 국가적으로 자신의 노예들의 문화를 존중하고 종교를 존중하는 정책을 펼칠 수 있었습니다. 그러므로 이러한 환경적, 정치적 요소들로 인하여 애굽은 이스라엘이 자신들의 신앙과 고유한 문화를 지키며 안정적으로 번성하기에 가장 좋은 곳이었습니다.

그러므로 하나님은 아브람의 자손인 이스라엘이 그 땅에서 안전하게 번성하도록 하기 위하여 잠시 동안 그들을 애굽의 노예로 보내신 것입니다. 그리고 훗날 4백 년이라는 시간이 흐른 후 이스라엘 백성이 번성하여 하나님의 약속이 이루어진 그 때에 비로소 하나님은 모세를 통하여 그들을 가나안 땅으로 인도하십니다. 비록 4백 년이라는 노예생활이 이스라엘에게는 이해할 수 없는 시간같이 여겨졌을지 모르지만 하나님에게는 하나님의 뜻을 이루기 위한 놀라운 예비하심이었던 것입니다.

이렇듯 우리가 이해할 수 없는 순간에도 하나님은 하나님의 일을 진행해 가시며 완성해 가십니다. 단지 우리가 하나님의 일하심을 보지 못할 뿐입니다. 그러나 우리의 눈에 보이지 않는다고 해서 하나님의 일이 이루어지지 않는 것이 아닙니다. 우리가 이해할 수 없는 그 순간에도 하나님은 커다란 구원의 경륜 가운데 하나님의 일을 이루어 가고 계시기 때문입니다.

4) 갈라지신 하나님

앞서 잠시 이야기했듯이 아브람은 하나님을 향하여 약속에 대한 증표를 요구했습니다. 아브람의 요구에 하나님은 짐승을 가져와 그것들을 반으로 쪼개어 둘 것을 명령하시는데, 이러한 하나님의 명령은 고대에서 흔히 사용되던 언약 체결식을 본 따온 것이었습니다.

그런데 오늘 하나님과 아브람 사이에서 벌어지는 언약 체결식은 전통적인 고대의 언약 체결식과는 조금 달랐습니다. 대개 고대의 언약 체결식은 쪼개진 짐승 사이로 비슷한 조건의 사람들이 상호 간에 함께 지나가거나 봉신 관계 속에서 종이 자신의 주인에게 약속을 이행할 것을 맹세하며 지나가는 것이 일반적이었습니다.

그런데 오늘 하나님이 아브람과 맺으신 언약 체결식을 보면 아브람이 지나간다든지 혹은 상호 간에 갈라진 짐승의 사이를 지나가지 않고 오직 하나님이만 지나가시는 것을 보게 됩니다.

> 해가 져서 어두울 때에 연기 나는 화로가 보이며 타는 횃불이 쪼갠 고기 사이로 지나더라(창 15:17).

성경에서 하나님은 종종 불의 형상으로 나타나시곤 합니다. 모세가 광야의 떨기나무에서 처음으로 만난 하나님도 이 불의 형상으로 나타난 것을 알 수 있습니다. 마찬가지로 15장에서도 횃불의 형상으로 나타나신 하나님이 갈라놓은 짐승 사이로 지나가시는 것을 볼 수 있습니다.

그렇다면 여기에 담긴 의미는 무엇일까요?

일반적인 고대 근동의 언약 체결식과는 다르게 종인 아브람 대신 주인 되시는 하나님이 갈라진 짐승 사이로 지나가시는 이유는 바로 아브람에게 약속하신 이 약속을 하나님이 자신의 목숨을 내놓고 지키시겠다는 하나님의 자기 확증이기 때문입니다. 아브람의 믿음과 모습이 아무리 연약하고 부족해도 하나님은 책임지고 그 약속을 이루어 가시겠다는 말입니다. 그러니까 약속의 조건이 아브람에게 있는 것이 아니라 하나님께 있다는 것입니다.

그런데 이때 하나님이 아브람과 체결하신 이 하나님의 약속은 성경 전체를 관통하는 아주 중요한 약속임을 알 수 있습니다. 이것을 다른 말로는 하나님의 신실하심이라고 합니다. 그리고 이러한 하나님의 신실하심을 가장 잘 보여 주는 사건이 바로 예수님의 십자가 사건입니다. 하나님이 직접 자신의 목숨을 내놓으시면서까지 약속을 성취해 내신 가장 극적인 사건이 예수님의 십자가를 통하여 이루어진 것입니다.

앞서 아브람의 믿음을 하나님이 의로 여겨 주신 가장 중요한 근거는 믿음의 조건이 아브람에게 있는 것이 아니라 하나님께 있기 때문이라고 했습니다. 지금 아브람과 하나님 사이에서 맺어지는 횃불 언약은 이 믿음의 조건이 하나님께 있음을 여실히 보여 줍니다.

이러한 의미에서 좀 더 정확히 이야기하면 하나님과 아브람 사이의 언약 체결식은 언약이기보다는 하나의 선언이라고 보는 것이 더 낫습니다. 즉 하나님이 반드시 아브람과 맺은 약속을 이루어 성취하시고 말겠다는 하나님 자신의 목숨을 건 선언인 것입니다. 그리고 이 하나님의 선언이 최종적으로 하나님이 자신의 목숨을 내놓으신 예수님의 십자가를 통하여 완성되는 것입니다.

이 완성의 결과가 바로 우리입니다. 이것을 꼭 기억하시길 바랍니다. 우리는 하나님이 자신의 목숨을 걸고 약속하신 약속의 결과물입니다.

그러므로 지금 내 자신이 초라해 보이고 내 주변의 상황이 힘들다고 좌절하거나 낙망만 하고 있지 마시길 바랍니다. 이제 더 이상 우리 인생의 조건은 우리에게 있지 않습니다. 십자가에서 자신을 내어 주시면서까지 우리를 위해 죽으신 예수님께 우리 인생의 조건이 있는 것입니다.

하나님이신 예수님이 직접 자신의 목숨을 내놓으시면서까지 우리를 살리셨는데, 그분이 우리의 인생을 책임져주시지 않으시겠습니까?

그러므로 항상 삶 속에서 이 사실을 기억하고 주님의 십자가를 바라보며 인생의 조건을 하나님께 걸고 살아가는 인생이 되시기를 바랍니다.

제6장

사래와 하갈

1. 여전한 불임

우리는 가끔 인류 역사의 현장 속에서 여성들이 역사의 흐름을 이끌어 가는 것을 보곤 합니다. 태초의 인류인 하와가 그랬고, 애굽(이집트)의 클레오파트라가 그러하였으며, 중국에는 양귀비가, 우리나라에는 희빈 장씨라는 여인이 있었습니다. 이처럼 우리는 창세기 16장에서도 전체의 이야기를 이끌어 가는 두 명의 여인을 볼 수 있습니다. 한 명은 아브람의 아내인 사래였고, 또 한 명의 여인은 그녀의 여종이었던 하갈이었습니다. 그리고 16장은 아브람의 아내인 사래의 발언이 처음으로 드러내는 장이기도 합니다.

그렇다면 과연 지금껏 아브람의 뒤편에서 있던 사래는 어떤 사람이었을까요?

앞선 15장에서 하나님은 고대에서 사용되던 언약 체결식의 형식에 따라 자신의 목숨까지 거시면서 아브람에게 땅과 자손에 대한 약속을 지키실 것을 선언하셨습니다. 그런데 곧바로 이어지는 16장의 시작은 우리로 하여금 이 하나님의 약속에 대해 의문을 가지게 합니다. 왜냐하면 16장 1절에서 아브람의 아내인 사래가 여전히 '출산을 하지 못하였다'고 말하기 때문입니다.

> 아브람의 아내 사래는 출산하지 못하였고 …(창 16:1).

하나님이 직접 자신을 거시면서까지 약속을 했다면 그 다음 장면에서는 사래가 출산을 한다든지, 하물며 잉태의 기미라도 느껴져야 하는 것이 우리의 생각이고 아브람과 사래의 생각이었습니다. 하지만 우리의 생각과 예상을 깨고 성경은 아직도 사래가 임신하지 못했다고 말합니다.

이것이 신앙의 아이러니입니다. 무엇인가 하나님의 일하심을 기대하고 꿈꾸는데, 실제로 막상 눈을 떠보면 우리가 처한 현실은 그대로인 경우가 매우 많습니다. 뜨겁게 기도를 하고 눈물을 흘리며 은혜를 받거나, 하나님의 말씀에 감동이 되어 감사를 드릴 때만 해도 앞으로 내 삶이 달라질 것만 같았는데, 정작 현실로 돌아가면 바뀌는 것이 없더라는 것입니다. 여전히 삶의 무게는 우리를 짓누르고 항상 나를 막아서고 있던 장애물도 내 앞에 그대로 서 있습니다. 그리고 이럴 때 우리는 신앙의 아이러니를 느끼곤 합니다. 이러한 신앙의 아이러니를 창세기 16장 1절에서 딱 한 문장으로 말합니다.

> 아브람의 아내 사래는 출산하지 못하였고 …(창 16:1).

창세기 16장은 바로 앞서 하나님이 아브람에게 하신 약속 이후로서 어느 정도 시간이 지났을 때임에도 불구하고 여전히 아이가 없고 잉태의 기미조차 보이지 않은 사래에게서 이야기가 시작합니다.

성경은 하나님의 약속 이후에도 아브람의 아내 사래에게 여전히 아이가 없었다고 이야기해줍니다. 그리곤 아이가 없다는 사래의 소식 뒤에 사래의 여종 하나가 소개됩니다. 이 여인이 바로 훗날 이삭의 형제요, 이스마엘의 어머니인 하갈이었습니다. 애굽 사람이었던 하갈은 아마도 과거 아브람이 가나안 땅에서 기근을 만나 애굽으로 내려갔다가 바로에 의해 내쫓기듯 쫓겨 다시 가나안 땅으로 올라갈 때 바로에게서 받은 하인 중에 하나였을 것입니다.

하갈이라는 이름은 도망이라는 뜻이었습니다. 도망이라는 하갈의 이름은 뒤이어 나올, 아브람의 집에서 도망가는 그녀의 모습을 연상시키기도 하지만, 과거 하나님이 약속하신 땅에서 애굽으로 도망갔던 아브람의 모습을 보여준다고도 할 수 있습니다. 사래의 몸종인 하갈은 사래에 비해 나이도 어리고, 혈기도 왕성했습니다. 사래는 하나님의 약속하신 이후에 시간이 지나도 여전히 아이의 소식이 없자 기다리지 못하고 자신의 종이었던 하갈을 통하여 아이를 갖고자 결심했습니다.

그런데 이때 우리는 16장 2절에서 하갈을 통하여 아이를 가질 것을 아브람에게 건의하는 사래의 첫마디가 불평과 불만으로 시작하는 것을 알 수 있습니다.

아브람에 찾아간 사래가 처음으로 한 말이 무엇입니까?

바로 '여호와께서 자신에게 출산을 허락하지 않았다'는 말이었습니다. 이러한 사래의 불평과 불만은 아브람과 함께 고향을 떠나 10년 동안 타지인 가나안 땅에서 떠돌이 생활을 하며 하나님의 약속만을 기다리다 지친 그녀의 모습을 보여 줍니다. 자신은 점점 더 늙어가고 여인으로서 출산의 한계는 다가옴에도 불구하고 하나님이 주시기로 약속하신 자손은 생길 여지조차 보이지 않았던 것입니다. 이러다가 영영 자식을 갖지 못할 수도 있겠다는 사래의 불안은 결국 정점에 다다랐습니다. 그리고 결국 이러한 사래의 불안이 하갈이라는 자신의 여종을 통해 자손을 얻고자 하는 생각에까지 이른 것입니다.

하지만 이러한 사래의 제안은 사실 특별한 것은 아니었습니다. 당시 고대에서는 본처인 아내가 아이를 가지지 못할 경우에는 주인의 몸종을 통하여 아이를 갖는 일은 널리 행해지던 풍습이었습니다. 그러므로 사래의 제안은 이러한 고대의 풍습을 따른 제안이었던 것입니다.

하지만 무엇이든 겉으로 보이는 모습에는 내면의 의도가 숨겨져 있는 경우가 많습니다. 사래의 제안도 마찬가지였습니다. 사래는 단순히 당시에 행해졌던 풍습을 따라 아브람에게 제안한 것이 아니었습니다. 이러한 사래의 제안에는 하나님을 향한 불신앙과 더불어 철저히 사래 자신을 위한 이기적인 욕망이 숨어 있었습니다.

이러한 사래의 이기적인 욕망을 알 수 있는 곳이 2절에서 하나님께 불만을 토로하며 아브람에게 자신의 여종이었던 하갈에게 들어갈 것을 종용하는 사래의 말입니다. 사래는 아브람에게 자신의 여종인 하갈과 동침할 것을 요구하며 "내가 혹 그로 말미암아 자녀를 얻을까 하노라"라고 말합니다. 하지만 이 말은 히브리어로 좀 더 정확하게 직역하면 '하갈을 통하여 자신을 세울 수 있지 않을까'라는 말입니다.

지금 사래의 관심이 어디에 있습니까?

사래에게 하나님이 아브람과 자신에게 약속하신 자손에 대한 약속과 땅에 대한 약속은 중요하지 않았습니다. 하나님이 하신 약속은 사래의 관심사가 아니었습니다. 사래의 유일한 관심은 오직 불임이라는, 여인으로서 자신이 가지고 있는 불행의 굴레에서 벗어나는 것이었습니다.

그리고 이는 아브람도 마찬가지였습니다. 성경을 보면 사래의 제안에 대해 아브람이 어떠한 대답을 하고 어떤 반응을 보였는지 전혀 나오지 않습니다. 성경은 그저 '아브람이 사래의 말을 들으니라'라고 말할 뿐입니다. 한마디로 아브람도 묵묵히 사래의 말에 동조한 것입니다. 바로 얼마 전까지 하나님이 직접 아브람에게 환상 가운데 나타나 약속해 주셨음에도 불구하고 그 믿음을 저버린 것입니다. 그리고 결국 이러한 불신앙에서 아브람의 집안의 문제는 시작되었습니다.

2. 기다림의 미학

오늘날에도 마찬가지로 우리가 가진 모든 실질적인 문제의 시작은 믿음에서부터 시작되는 경우가 많습니다. 대개 신앙생활 가운데 문제가 생기고 일이 꼬이는 순간을 보면 그 가장 큰 이유 중 하나는, 우리가 하나님의 때를 기다리지 못하고 자꾸 나만의 인간적인 방법과 수단을 동원하기 때문입니다. 우리는 기다림이라고 하면 자꾸 이를 두고 무의미하고 시간을 낭비하는 것이라고 생각할 때가 많습니다.

왜냐하면 기다린다고 할 때에 내가 아무것도 하지 않는다고 생각하기 때문입니다. 특히나 한국 사회는 이 기다림을 병적으로 싫어합니다. 내가 무엇인가 해야 하고 어떠한 것을 주도적으로 해 나아야지만 직성이 풀리는 것입니다. 이렇듯 누구에게나 있어서 기다림이라는 것은 결코 쉬운 것이 아닙니다.

그런데 여기에는 타락한 인간의 특징이 숨겨져 있습니다. 왜냐하면 인간은 그 특성상 자신의 힘이나 자신의 계획으로 무엇인가를 해 나가야 마음이 놓이는 자들이기 때문입니다. 타락한 인간의 가장 큰 특징 중 하나는 바로 자신이 인생의 주체가 되어서 자신의 뜻대로 살고 싶어 하는 것입니다. 그래서 인간은 그 죄악된 특성상 하나님이 일하시는 순간과 시간을 기다리는 것을 힘들어 합니다. 자신의 수단과 방법과 계획을 통하여 스스로 어떠한 일을 이루고 싶어 하는 것입니다. 즉 자신이 하지 않으면 안 되는 것입니다.

하지만 반대로 하나님은 이러한 인간의 특성을 잘 아시기 때문에 오히려 우리에게 한없는, 어떤 때는 기약도 없어 보이는 그러한 기다림을 허락하시곤 합니다. 왜냐하면 기다림이라는 통로를 통해서 우리가 하나님을 믿고 의지하는 방법을 배울 수 있기 때문입니다. 그래서 하나님은 때로는 자신이 의지할 수 있는 모든 순간을 다 내려놓을 때까지 우리를 기다림 속에 두시는 경우가 있습니다. 하나님 외에는 아무것도 붙잡을 것이 없도록 하시는 것입니다.

그리고 마침내 우리는 이리저리 뛰어다니며 우리의 수단과 방법으로는 그 어떤 것도 할 수 없는 막다른 길에 다다랐을 때 비로소 하나님이 일하시는 것을 보게 되는 것입니다. 아브람의 경우가 바로 그러했습니다.

후에 살펴보겠지만 하나님이 아브람에게 사래를 통하여 이삭을 주실 때가 언제였습니까?

그때는 아브람의 나이가 100세요, 사래의 나이는 90세였을 때로 인간적인 조건으로는 출산의 소망이 모두 끊어진 때였습니다. 하지만 인간적으로는 그 어떠한 소망도 보이지 않을 바로 그 때에 비로소 하나님이 일하신 것입니다.

왜 이렇게 일하실까요?

그것은 아브람과 사래로 하여금 하나님이 하셨다는 것에 그 어떠한 의심의 여지도 없도록 하기 위해서입니다. 더불어 이 기다림이라는 시간 속에서 하나님은 아브람이라는 존재를 바꾸어 가시고 다듬어 가신 것입니다. 그러므로 막연한 기다림처럼 보였던 시간은 단순한 기다림이 아니었습니다. 그 시간은 하나님을 향한 아브람의 믿음이 연단되는 시간이었던 것입니다.

하나님이 자녀를 주기로 약속하셨으니 이제 얼마 지나지 않아 바로 자녀가 생겼으면 하는 것은 우리의 생각이고 바람입니다. 또한 이것이 아브람의 바람이었고 사래의 바람이었습니다. 하지만 하나님의 편에서는 단순히 아브람에게 자녀를 주는 것이 중요한 것이 아닙니다. 아브람에게 하나님이 누구시며 어떠한 능력을 가지고 계시고 그가 어떠한 사랑과 은혜를 베푸시는지, 그리고 이 놀라우신 하나님이 아브람을 부르시고 그에게 약속하신 이 약속이 얼마나 커다란 은혜인지를 알게 하는 것이 하나님의 마음인 것입니다.

그리고 이러한 하나님의 은혜를 드러내기 위해서 아브람에게는 필연적으로 기다림이라는 시간이 필요했습니다.

3. 또 다른 타락

결국 아브람과 사래가 붙잡아야 할 것은 인간적인 환경이나 계획이 아니라 자신들에게 약속하신 하나님을 향한 믿음이었습니다. 그러나 사래는 하나님을 믿기보다는 자신에게 닥친 문제를 직접 해결하기 위하여 스스로의 수단과 방법을 강구하기 시작했습니다. 그리고 아브람도 비록 수동적이기는 하지만 이에 침묵으로 동참했습니다. 그러다 결국 그 방안으로 자신의 여종인 하갈을 통하여 자식을 생산코자 하는 꾀를 낸 것입니다. 성경은 분명하게 이러한 사래의 행동과 아브람의 침묵을 모두 부정적으로 평가합니다.

이것을 잘 보여 주는 것이 사래가 아브람에게 자신의 여종인 하갈을 건네주는 3절의 내용입니다. 성경은 3절에서 사래가 자신의 여종인 하갈을 데려다가 아브람에게 주었다고 말합니다. 그런데 이때 히브리 성경은 이 장면을 이야기하면서 사래가 하갈을 '취하여' 아브람에게 '주었다'라고 표현하는 것을 볼 수 있습니다. 여기서 '취하다'라는 말은 히브리어로 '라카흐'라는 단어인데 이는 창세기 3장에서 하와가 선악과를 '취했다'라고 할 때 쓰이는 단어와 동일합니다. 그리고 '주었다'라고 할 때 쓰인 '나탄'이라는 단어 또한 하와가 선악과를 취하여 아담에게 '주었다'고 할 때 사용된 단어입니다.

그러니까 성경은 자신의 여종인 하갈을 '취하여' 아브람에게 '주는' 사래의 행동이 하와가 선악과를 '취하여' 아담에게 '주는 것'과 동일한 하나님을 저버린 행동으로 보고 있는 것입니다.

그리고 이러한 사래의 행동은 자기 인생의 주도권을 자신이 가지기 위하여 선악과를 먹은 하와와 같은 것으로서, 그 자신이 스스로 인생의 주도권을 쥐고 끌고 가려는 것입니다. 그리고 아담이 아무 말 없이 하와의 제안을 받아들인 것처럼 아브람 또한 사래의 제안에 그저 말없이 수긍합니다. 결국 성경이 사래의 제안과 아브람의 행동을 아담과 하와의 타락과 연관시키며 이를 하나님에 대한 믿음을 저버린 부정적인 사건으로 묘사합니다.

그리고 이들의 믿음 없는 행동은 결국 먼 훗날 자신들과 자신의 후손들을 향한 가시로 돌아오게 됩니다. 그 시작은 하갈에서부터였습니다. 하갈은 아브람을 통하여 자신이 임신한 사실을 알자 자신의 주인이었던 사래를 멸시하며 자신이 주인 행세를 하기 시작합니다. 결국 기다리지 못한 사래는 앞서 하나님께 불평한 것처럼 이제는 모든 책임을 아브람에게 돌리며 그에게 불만을 토로합니다.

이때 사래의 불만에 대한 아브람의 반응이 무엇이었습니까?

사래의 눈에 좋을 대로 행하라는 것이었습니다. 쉽게 말해 '무슨 일이 있던 자신은 모른 척할 테니 당신 마음대로 하시오'라고 말한 것입니다. 여기서 우리는 놀라운 정도로 무책임하고 수동적인 아브람의 모습을 보게 됩니다. 만약 아브람이 하나님이 그에게 주신 약속, 즉 자손을 번성하게 해 주시겠다는 약속을 조금이라도 기억하고 붙잡고 있었다면 비록 하갈의 아이가 정실은 아니라 할지라도 그의 태도가 이렇듯 무책임할 수는 없었을 것입니다.

그러나 아브람은 하나님이 약속하신 자손의 문제에 있어서 스스로 어떠한 책임도 지려 하지 않았습니다. 그는 그저 지금 자신의 집에서 벌어지고 있는 현재의 상황이 귀찮고 골치 아프다고 여길 뿐이었습니다. 그 결과 하갈은 임신 중임에도 불구하고 주인인 사래의 학대를 견디지 못하여 광야 한가운데로 도망을 가게 됩니다.

여기서 우리는 하갈의 모습을 통하여 자신의 이익만을 쫓았던 사래의 이기심과 아브람의 무책임함이 얼마나 한 사람의 인격을 쉽게 도구로 전락시키고 수단화시킬 수 있는지를 볼 수 있습니다. 그들에게 하갈은 자신들의 아이를 품은 어머니가 아니었습니다. 그저 대를 잇기 위한 도구에 불과했고 수단에 불과했습니다. 그런데 이 하갈이 자신들의 마음에 들지 않자 자신들의 아이를 잉태하고 있음에도 불구하고 그녀를 가차 없이 내치는 것입니다.

타락한 죄성을 가진 우리 또한 자신의 이기심과 욕신에 눈이 멀었을 때 얼마든지 다른 사람을 수단화하고 도구화시킬 수 있는 여건을 가지고 있는 자들입니다.

이것이 오늘날 우리가 살아가는 현대 사회의 모습 아닙니까?

현대 사회에서 인간은 하나님의 형상을 닮은 존엄성을 가진 자들이 아닙니다. 그저 어떠한 회사와 기관의 이익을 위한 도구요, 수단일 뿐입니다. 자신들에게 필요한 만큼만 쓰다가 쓸모가 없어지면 하갈과 같이 내쫓는 것입니다.

하지만 복음은 이러한 세상의 흐름과 반대됩니다. 왜냐하면 복음은 자신을 위해 누군가를 어떠한 수단이나 도구로 전락시키는 것이 결코 아니기 때문입니다. 복음은 오히려 내가 다른 사람을 위하여 손해 봐도 괜찮게 여기는 것입니다. 복음은 다른 이를 위하여 스스로 자신을 낮추어 희생하는 것입니다. 이 복음의 정수가 바로 십자가에 담겨 있습니다.

십자가가 무엇입니까?

하나님이신 예수님이 친히 인간의 옷을 입고 낮아지셔서, 철부지 같고 부족하고 하나님 앞에 하나도 유익한 것이 없는 인간을 위해 죽기까지 희생하신 것입니다. 그러므로 복음은 사람을 수단화하고 도구화하는 것이 아니라 다른 이를 존귀하게 여기고 그를 위하여 기꺼이 낮아지고 희생하는 것입니다. 이것이 복음을 가진 자들의 모습입니다.

4. 그래도 하나님은 신실하시다

그렇다면 하갈에 대한 성경의 평가는 어떨까요?

그녀는 그저 피해자에 불과한 한 여인이었을까요?

사실 하갈에 대한 성경의 시선도 그렇게 긍정적이지만은 않습니다. 하갈은 자신의 태에 아이가 있다는 사실을 알자 그의 주인이었던 사래를 무시하고 멸시할 정도로 오만하고 성격의 소유자였습니다. 또한 훗날 그의 아들인 이스마엘도 배운 게 도둑질이라고 자신의 어머니인 하갈이 사래에게 그랬던 것처럼 이삭을 괴롭히고 놀리다 결국 아브람의 집에서 쫓겨나게 되는 것을 볼 수 있습니다.

하지만 사래와 아브람에게 그러하였듯이, 항상 연약하고 부족한 자들에게 은혜를 주시는 하나님은 하갈에게도 찾아가십니다. 사래의 계속되는 핍박에 하갈은 결국 견디다 못해 임신한 몸을 이끌고 자신의 고향인 애굽으로 내려가기 위하여 광야로 나섭니다. 비록 이 일이 하갈의 잘못에서 비롯된 면도 있지만 임신한 몸으로 여인 혼자 광야의 길을 걷던 하갈의 모습이 얼마나 처량했겠습니다. 그렇게 그녀는 자신의 고향으로 가기 위해 광야를 지나던 중 지쳐 우물 곁에서 잠시 머물게 됩니다. 그런데 이때 우물 곁에서 쉬고 있던 하갈에게 하나님의 사자가 찾아와 말을 건넵니다.

이르되 사래의 여종 하갈아 네가 어디서 왔으며 어디로 가느냐(창 16:8).

이 말의 의도는 '지금 네가 가는 곳은 네가 있어야 할 곳이 아니다'라는 것입니다. 한마디로 하갈이 가고자 하는 목적지가 잘못 되었다는 것입니다.

그렇다면 하갈이 가야 할 곳은 어디일까요?

하나님의 사자는 하갈에게 다시 그녀의 주인이었던 사래에게로 돌아가 그 밑에서 복종하라고 합니다. 이를 두고 하나님이 하갈의 고통은 외면한 채 그녀에게 일방적으로 주인에게 순종하라는 가혹한 요구가 아닌가라고 생각할 수 있지만 여기에는 이유가 있습니다. 그것은 바로 하나님이 하갈의 자손도 책임져 주실 것을 약속하시기 때문입니다.

하갈에게 나타난 하나님의 사자는 10절에서 하나님이 그녀의 자손을 번성하게 해 주실 것을 약속합니다.

> **여호와의 사자가 또 그에게 이르되 내가 네 씨를 크게 번성하여 그 수가 많아 셀 수 없게 하리라**(창 16:10).

그런데 이때 하나님의 사자가 하갈에게 하는 약속의 내용을 보면 그 내용이 하나님이 아브람에게 하셨던 약속과 거의 일치하는 것을 볼 수 있습니다. 사실 이는 당연한 것입니다. 왜냐하면 비록 하갈의 자녀가 하나님이 아브람에게 계획하신 약속의 자녀는 아닐지라도 하나님이 아브람에게 약속하신 번성의 복을 받은 자손이기 때문입니다.

또한 하나님이 하갈을 다시 아브람의 집으로 보내시는 이유는 이제는 그녀가 더 이상 애굽의 여인이 아니라는 것을 보여 줍니다. 비록 하갈이 과거 자신의 의지와는 상관없이 애굽 왕 바로에 의해 아브람의 종으로 보내졌고, 자신의 의지와 상관없이 사래에 의해 아브람에게 보내졌으며, 또 자신의 의지와는 상관없이 아브람의 말 한마디에 사래와 아브람에게 버려졌지만 앞으로는 하나님이 그녀를 품으시겠다고 하셨습니다.

하갈 또한 아브람의 가정에 들어온 날부터 하나님이 약속하신 하나님의 자녀라는 것입니다. 그래서 하갈이 품고 있는 아이가 비록 하나님이 아브람에게 약속하신 자녀는 아닐지라도 아브람의 씨이기 때문에 하나님의 약속대로 하갈의 자손들도 번성하게 해 주실 것이라고 말씀하시는 것입니다.

아브람이 아무리 연약하고 사래가 잘못을 저지를지라도, 그래서 자신들의 욕심과 이기심 때문에 하갈이라는 한 여인을 고통 속에 던졌을지라도 하나님은 항상 신실하게 하나님의 약속을 이루어 가시고 이행해 가십니다.

5. 들으시는 하나님

우물가에 있던 하갈에게 나타나 하나님의 약속을 전한 하나님의 사자는 이어서 하갈에게 장차 그녀가 낳을 자녀의 이름을 '이스마엘'이라고 지을 것을 명령합니다. 이때 이스마엘이라는 이름의 뜻은 '하나님이 고통을 들으셨다'는 뜻인데, 이것은 두 가지 의미를 담고 있습니다.

첫째, 흔히 아는 대로 하나님이 하갈의 고통을 들으셨다는 뜻입니다.

둘째, 하갈이라는 여종의 고통도 들으신 하나님이 하물며 아브람과 사래의 고통을 듣고 계시지 않으시겠냐는 뜻이 담겨 있습니다.

한마디로 여종 하갈의 아픔과 고통도 들으시는 하나님이 하물며 아브람과 사래가 가지고 있는 자식이 없는 고통과 아픔 또한 누구보다도 잘 알고 계시지 않겠냐는 것입니다. 그러니 하나님을 믿고 기다리라고 말씀하시는 것입니다.

마찬가지로 하나님은 오늘도 우리의 아픔과 고통을 듣고 계시며 귀 기울이시고 계십니다. 지금 당장 내 눈 앞에 일하시지 않는다고 귀를 막고 계시는 것이 아닙니다. 우리의 고통에 귀 기울이시면서도 하나님의 가장 적절한 때를 기다리시는 것뿐입니다. 이러한 하나님의 모습을 잘 보여 주는 곳이 출애굽기입니다. 출애굽기를 보면 이스라엘이 번성하기 시작하자 이를 두려워한 애굽의 왕 바로가 이스라엘을 핍박하고 압제하는 정책을 사용하는 것을 볼 수 있습니다. 이러한 애굽의 정책 속에서 이스라엘 백성들의 생활은 고단해져 갔고 그들의 고통은 커져만 갔습니다.

하지만 출애굽기 2장까지도 이스라엘 백성들이 애굽의 압제 속에서 아픔과 고통을 당하고 있을 때에 하나님은 어디에도 등장하지 않습니다. 마치 이스라엘의 고통에 침묵하시는 것만 같은 것입니다.

그런데 이러한 하나님의 침묵이 2장의 마지막에 와서 깨어집니다. 성경은 이 시작을 두고 '하나님이 이스라엘의 고통을 들으셨다'고 말합니다. 지금까지는 이스라엘의 고통에 하나님이 침묵하시는 것만 같았고 눈을 감으신 것만 같았는데 그렇지 않다는 것입니다. 하나님은 이스라엘의 고통과 아픔을 보고 계셨고 듣고 계셨다고 성경이 말하는 것입니다. 그리고 이어지는 출애굽기 3장에서는 드디어 하나님이 본격적으로 전면에 등장하시는 것을 알 수 있습니다.

우리도 신앙생활을 하다 보면 하나님이 나의 아픔과 고통에 전혀 반응하지 않으시고 우리의 기도도 전혀 듣고 계시지 않는 것처럼 느껴질 때가 있습니다. 하지만 하나님은 우리의 고통을 나 몰라라 하시는 분이 아니십니다. 하나님은 우리의 아픔을 알고 계시며 우리의 신음소리를 듣고 계시는 분입니다. 그저 아직 하나님이 일하실 때가 되지 않았을 뿐이며 하나님이 일하시기 가장 좋은 때를 기다리고 계시는 것뿐입니다. 결국 우리에게 필요한 것은 하나님의 때를 기다릴 줄 아는 믿음입니다.

하나님의 사자를 통하여 약속을 받은 하갈은 애굽으로 향하던 발걸음을 돌이켜 자신을 괴롭히던 사래의 밑으로 다시 들어가게 됩니다.

사래는 하나님의 약속을 믿는 믿음 하나로 고난의 길이 예상됨에도 불구하고 아브람과 사래에게 돌아가기로 마음먹은 것입니다. 이러한 하갈의 모습을 통하여 우리는 앞에서 살펴보았던 사래와 아브람의 믿음 없는 모습과는 다른 대조적인 모습을 보게 됩니다. 놀랍게도 하나님의 약속을 가장 신실하게 믿고, 하나님을 경험했던 인물은 아브람의 아내 사래가 아닌 몸종 하갈이었습니다. 그리고 이 하나님의 약속을 믿고 붙잡은 하갈에게 하나님은 약속대로 아브람의 씨인 이스마엘이라는 자손을 허락하시는 것입니다.

마지막으로 16장의 이야기를 끝내며 성경은 하갈이 아브람의 자녀를 낳았다는 말을 15절과 16절에서 두 번이나 반복해서 이야기해 주는 것을 볼 수 있습니다. 여기에는 강조의 의미가 담겨 있습니다. 비록 이스마엘이 사래와 아브람의 부족한 믿음으로 인하여 인간적인 편법으로 생긴 자녀라 할지라도 하나님은 아브람에게 하신 약속, 즉 아브람으로부터 난 자손을 번성하게 해 주겠다는 약속을 지키기 위해 하갈을 통하여서도 자녀를 허락하셨다는 것입니다. 그래서 성경은 의도적으로 이스마엘이라고 할 때에 그가 아브람의 자녀임을 강조하는 것을 볼 수 있습니다.

하갈이 아브람의 아들을 낳으매(창 16:15).

하갈이 아브람에게 이스마엘을 낳았을 때에(창 16:15).

여기서 성경이 말하는 것은, 이스마엘이 아브람의 자녀임을 강조함으로써 인간의 믿음 없음과 편법으로 인해 생긴 자녀라 할지라도 하나님은 하나님의 약속을 이루시는데 하물며 본래 아브람과 사래에게 약속하신 계획이 이루어지지 않겠냐는 것입니다. 하나님은 반드시 처음에 아브람에게 약속하셨던 땅과 자손에 대한 약속을 신실하게 지키시겠다고 선언하는 것입니다. 그러므로 아브람과 사래가 할 일은 어떠한 상황과 환경 속에서도 오직 이 하나님의 약속을 흔들리지 않고 굳건하게 붙잡는 것이었습니다.

오늘날에도 하나님은 여전히 동일하십니다. 아브람처럼 연약한 우리는 가끔 신앙생활 속에서 믿음이 흔들릴 때도 있고, 상황에 넘어질 때도 있으며, 믿음의 연약함 때문에 인간적인 수단과 편법을 사용할 때도 있지만 그럼에도 불구하고 하나님은 우리의 연약함 속에서도 하나님의 일을 일관되게 해 나가시는 것입니다. 결국 우리에게 임한 가장 큰 은혜는 바로 이 하나님의 신실하심입니다. 하나님의 변하지 않는 신실하심과 사랑이 우리의 가장 큰 은혜인 것입니다.

제 7 장

아브람에서 아브라함으로

1. 하나님의 침묵

아브람이 구십구 세 때에 여호와께서 아브람에게 나타나서 그에게 이르시되 나는 전능한 하나님이라 너는 내 앞에서 행하여 완전하라 (창 17:1).

창세기 17장은 그 첫 시작에서 아브람의 나이를 밝혀줍니다. 당시 아브람의 나이는 99세로서 어느새 100세를 눈앞에 두고 있었습니다. 그런데 여기서 우리가 하나 더 주목해야 할 것은 창세기 16장의 이야기가 마칠 때에도 아브람의 나이를 언급되었다는 것입니다. 창세기 16장의 마지막 절에서 이스마엘이 태어날 당시 아브라함의 나이가 86세였다고 말합니다. 그러니까 성경으로만 봤을 때는 단지 장 하나가 바뀐 것에 불과하지만 시간으로 따지면 16장의 마지막에서 이스마엘이 탄생한 이후인 17장까지 13년이라는 세월이 흐른 것입니다.

그리고 이스마엘이 태어난 지 13년이라는 세월이 지난 후에야 하나님은 아브람에게 나타나십니다.

이 13년이라는 기간 동안 아브람에게 어떠한 일이 있었는지에 대해 성경은 그 어떠한 이야기도 해 주지 않습니다. 하지만 우리가 알수 있는 사실은 이미 노년에 접어들었던 아브람에게 이 13년이라는 시간은 결코 짧지 않은 시간이었을 것입니다.

아마 아브람에게 13년이라는 시간은 많은 생각을 하게 하는 시간이었을 것입니다. 가끔은 어떠한 말보다도 긴 침묵이 더 큰 의미로 다가 올 때가 있는 것을 보게 됩니다. 바로 17장이 그러합니다. 창세기 17장의 그 첫 시작에서 13년이라는 긴 공백 기간을 소개하면서 이 시간 안에 많은 의미를 담아냅니다.

그렇다면 도대체 13년이라는 시간이 아브람에게는 어떠한 의미를 가진 시간이었을까요?

아마도 아브람에게 13년은 자신의 모든 소망이 끊어지는 것을 느끼는 시간이었을 것입니다. 이 시간을 이스마엘이 태어난 후로부터 따지면 13년이지만 아브람이 가나안 땅에 들어온 횟수로 치면 이미 24년이라는 시간이 지났을 때였습니다. 하지만 아브람이 가나안 땅에 온 지 24년이라는 세월이 흘렀음에도 불구하고 아브람의 자손이 하늘의 별과 같이 많아질 것이라는 하나님의 약속은 이루어질 기미조차 보이지 않았습니다. 아브라함에게 있는 자식은 오직 하갈에게서 태어난 이스마엘 하나뿐이었습니다.

그리고 그렇게 세월은 흐르고 흘러 어느덧 아브람의 나이는 100세를 바라보고 사래의 나이가 90세에 이른 것입니다. 생리학적으로

100세와 90세의 노인 부부가 자녀를 생산한다는 것은 불가능합니다. 아브람도 이를 몰랐을 리 없었을 것입니다.

그렇다면 이 13년의 기다림 동안 아브람의 심정이 어떠했겠습니까? 아브람은 더 이상 이스마엘 외에는 다른 자식에 대한 어떠한 소망도 기대하지 못했을 것입니다. 그의 유일한 소망은 그저 하갈에게서 태어난 이스마엘이라도 건강하게 자라는 것이었습니다. 이러한 아브람의 내면을 잘 보여 주는 곳이 창세기 17장 17-18절입니다.

> 아브라함이 엎드려 웃으며 마음속으로 이르되 백 세 된 사람이 어찌 자식을 낳을까 사라는 구십 세니 어찌 출산하리요 하고 아브라함이 이에 하나님께 아뢰되 이스마엘이나 하나님 앞에 살기를 원하나이다
> (창 17:17-18).

지금 아브람의 모습을 통해서 무엇을 알 수 있습니까?

아브람이 이제는 더 이상 하나님의 약속을 신뢰하지 않는 것을 볼 수 있습니다. 과거 하나님이 하신 약속만 믿고 이름 모를 땅으로 따라왔지만 정작 그의 나이 100세가 다 되도록 아브람의 삶 속에서 그 어떤 하나님의 약속도 이루어지지 않았습니다. 이러한 현실 속에 실망한 아브람은 하나님의 약속에 콧방귀를 끼며 '이스마엘이나 잘 키워주십시오'라고 자조 섞인 대답한 것입니다.

그리고 하나님을 향한 자조 섞인 아브람의 반응을 통하여 우리는 침묵의 13년이라는 긴 세월을 보내면서 그가 어떤 마음을 가지게 되었는지를 알 수 있습니다. 그는 실상 자녀에 대한 소망과 하나님의

약속에 대한 소망을 모두 놓아 버린 것입니다.

하지만 이때 13년이라는 긴 시간 동안 육신과 마음의 소망이 모두 끊어진 아브람에게 하나님이 다시 찾아오십니다. 그리고 13년이라는 침묵을 깨시고 그에게 말씀하시는 것을 볼 수 있습니다.

나는 전능한 하나님이라 너는 내 앞에서 행하여 완전하라(창 17:1).

13년 만에 모든 소망이 끊어진 아브람에게 찾아오신 하나님이 하신 첫마디는 바로 '나는 전능한 하나님이라'는 말씀이었습니다.

이 말이 무슨 의미입니까?

쉽게 말하면 '나는 다 할 수 있다'라는 말입니다. 그러니까 인간의 생체 나이로는 자녀를 생산할 나이가 이미 훨씬 지나 더 이상 자녀에 대한 소망을 품을 수 없는 아브람에게 찾아오신 하나님은 '나는 전능하여 인간의 신체적인 한계와 상관없이 일할 수 있다'고 말씀하시는 것입니다. 그리고 이어서 하나님은 아브람에게 '내 앞에서 행하여 완전 하라'고 말씀하십니다.

이 말은 아브람으로 하여금 하나님에 대한 전적인 믿음을 요구하시는 말씀입니다. 그러니까 아브람이 육체적인 기능으로는 더 이상 자녀를 생산 할 수 없는 물리적인 한계에 이르고, 심적으로는 모든 소망이 끊어져 버렸지만, 하나님이 그에게 13년 만에 다시 찾아오셔서 하나님은 모든 한계를 뛰어넘어 일하실 수 있는 전능한 분이니 오직 이 하나님만을 믿고 의지하라고 말씀하시는 것입니다.

2. 하나님의 때

이는 다른 말로 하면 이제는 하나님이 일하실 때가 왔다는 말이 됩니다. 이스마엘은 아브람이 자신의 인간적인 힘으로 낳은 자식이었습니다. 이 말은 적어도 아브람이 이스마엘을 낳을 때까지만 해도 그에게 자녀를 생산할 힘과 능력이 있었다는 말이 됩니다.

하지만 13년이라는 세월이 더 흐르면서 아브람과 사래는 더 이상 자녀를 생산할 수 있는 물리적인 한계에 이르게 되었습니다. 이제는 더 이상 자녀를 생산할 수 있을 것이라는 작은 소망도 품을 수 없게 된 것입니다. 그런데 역설적으로 아브람과 사래에게 모든 인간적인 가능성이 사라진 이때가 곧 하나님이 일하실 때였습니다.

아브람과 사래에게 모든 물리적인 소망이 끊어졌을 때, 하나님은 13년이라는 긴 시간을 깨고 드디어 아브람에게 다시 나타나, 이전 그 어느 때보다도 더 구체적이고 확신하게 자손을 약속해 주신 것입니다.

마찬가지로 우리도 신앙생활을 하다 보면 우리의 모든 인간적인 소망이 사라지고 나의 열심과 노력으로는 다다를 수 없는 한계에 이르렀을 때 비로소 하나님이 일하시는 것을 경험하곤 합니다.

그렇다면 왜 하나님은 굳이 우리의 모든 소망이 끊어지고 인간적인 한계에 다다랐을 때 일하시곤 하실까요?

그 이유는 바로 우리의 노력과 소망이 한계에 다다라 우리의 힘으로는 아무것도 할 수 없을 때, 역설적으로 우리가 하나님의 일하심을 전적으로 믿고 의지할 수 있기 때문입니다. 사람은 조금이라도 자신의 열심과 노력이 포함되면 그것으로 자랑하고 싶어 하는 것이 그 죄

된 습성입니다. 아주 조그마한 것이라 할지라도 나의 열심과 노력에 대한 보상과 칭찬을 듣고 싶어 하는 것입니다. 아흔아홉을 하나님이 해 주셔도 내가 할 수 있는 하나가 있다면 그 하나를 가지고 묵상하며 만족하는 것이 인간인 것입니다.

그래서 사람은 자신의 노력으로 무엇을 이루어 내고 만들어 내는 것을 좋아합니다. 사실 가끔 교회에서 하는 간증이라는 것도 대부분 이러한 경우에 머무는 것이 많습니다. 하나님을 믿고 잘 섬겼더니 하나님이 복을 주셔서 이러한 것들을 이루어 냈다는 것입니다. 말은 하나님이 주셨다고 하지만 실제 결론은 자신이 이룬 결과에 있습니다.

하나님 믿어서 망한 것을 자랑하는 사람은 없습니다. 잠깐 망했지만 하나님 잘 믿어서 다시 더 큰 것을 이루어 냈다는 것이 간증의 주된 내용인 것입니다. 하지만 하나님이 원하시는 것은 '내가 망했다가 하나님 붙잡고 믿어서 좋은 결과를 이루어 냈다'에 있지 않습니다. 하나님의 관심은 '망했더니 전적으로 하나님만 믿고 의지하게 되더라'에 있습니다.

아무것도 이루지 못해도 망한 것이 간증이 되고 자랑이 되는 것입니다. 이게 기독교의 힘입니다. 그런데 많은 사람들은 세상에서 보이는 결과를 내는 것에만 몰두합니다. 신앙 안에서도 좋은 결과를 내는 것 자체가 목적이 되어 버리는 것입니다. 그러나 하나님이 원하시는 것은 우리가 어떤 결과를 이루었는가에 있지 않습니다. 하나님의 일관된 관심은 우리가 얼마나 더 가까이 하나님께 가느냐에 있는 것입니다.

그렇기 때문에 간혹 하나님은 우리로 하여금 온전히 하나님만 믿고 의지하도록 하기 위하여 인간적인 노력과 모든 소망이 끊어질 때까지 기다리시는 것입니다. 우리의 말로 하면 망하게 하시는 것입니다. 그리고 우리가 인간적인 한계에 부딪혀 하나님 외에는 기댈 곳이 하나도 없게 되었을 때 하나님이 비로소 일하시는 것을 볼 수 있습니다.

아브람의 경우에는 침묵의 13년이 바로 자신의 모든 인간적인 소망이 끊어지는 시간이었습니다. 아마도 1년, 2년은 하나님의 약속이 혹여나 내일이라도 이루어지지 않을까 하는 조그마한 기대라도 했을지 모릅니다. 하지만 13년이라는 시간이 흘러 그의 나이가 100세에 가까워지자 그는 모든 희망을 내려놓게 되었습니다.

그런데 이제 이스마엘 외에 자신에게는 어떠한 자녀의 소망도 사라졌다고 생각하던 그 때, 비로소 하나님은 그에게 찾아와 하나님의 전능하심을 선포하시며 오직 하나님만 믿고 의지할 것을 요구하시는 것입니다.

이러한 하나님의 일하심을 가장 잘 보여 주는 인물 중 하나가 바로 모세입니다. 그는 애굽의 궁전에서 자라 엘리트 환경에서 최상의 교육을 받으며 자라던 자였습니다. 그리고 모세는 자신의 민족을 애굽에서부터 구원하고자 하던 열정과 실력도 갖추고 있었습니다.

이랬던 모세가 하나님께 부르심을 받았던 때가 언제였습니까? 도망자로 애굽에서 쫓겨나 40년 동안 광야에서 가축을 치며 살아가면서 자신의 모든 소망이 다 끊어지고 인간적인 한계에 다다랐을 때였습니다. 이러한 모세의 모습을 두고 출애굽기 3장 1절에서 모세가 '장인 이드로의 양 떼'를 치고 있었다고 말합니다. 모세는 40년 동안 광야에서 양을 치며 살아가면서도 자신이 소유한 양 한 마리 없이

'장인의 양 떼'나 치고 있던 것입니다.

이러한 모세의 모습은 한때 애굽의 왕자였던 그가 얼마나 무기력해 있었는지를 보여 줍니다. 그런데 모세에게 아무것도 남지 않고 그가 더 이상 그 어떠한 것도 내세울 것이 없을 그 때 비로소 하나님은 그를 부르십니다.

오늘날 우리에게도 아브람의 13년, 모세의 40년과 같은 영적인 기다림의 시간이 있습니다. 이 막막하기만 한 긴 기다림의 시간은 우리로 하여금 모든 소망이 사라지는 것처럼 보이게 하지만 하나님은 오히려 이 시간을 통하여 우리로 온전히 하나님만을 의지하도록 만드십니다.

3. 이름을 바꾸시는 하나님

그렇다면 13년이라는 시간을 뚫고 다시 아브람에게 나타나신 하나님이 그에게 하신 말씀은 무엇이었을까요?

창세기 17장은 처음으로 할례가 행해진 장으로 유명합니다. 그래서 흔히 17장에서 행해진 할례를 두고 할례 언약이라고 하기도 합니다. 그런데 우리는 이미 15장에서 하나님이 직접 자신을 걸고 아브라함과 언약 체결식을 맺는 것을 보았습니다. 한마디로 이미 하나님과 아브람 사이에는 언약이 체결되어 있던 것입니다.

그렇다면 창세기 17장에서 등장하는 언약은 무엇일까요?

엄밀히 말하면 17장의 말씀은 언약이라기보다는 하나님이 앞서 아브람과 맺으신 언약에 대해서 더 구체적이고 자세하게 설명해 주는 장면이라고 할 수 있습니다. 그래서 창세기 17장에서 하나님이 아브람에게 하시는 말씀들을 보면 그 내용이 과거의 약속에 비해 더 구체적으로 서술되는 것을 볼 수 있습니다. 전에는 약속의 내용이 그저 자녀를 많게 해 주겠다는 내용에 불과 했다면 이제 하나님은 아브람이 여러 민족의 아버지가 될 것이고, 왕들이 아브람에게서 나올 것이며, 하나님이 아브람의 후손들과도 함께하실 것을 구체적으로 말씀해 주시는 것입니다.

그리고 하나님은 구체적인 약속과 함께 아브람의 이름을 아브람에서 아브라함으로 아브라함의 아내 사래 또한 기존의 사래라는 이름에서 사라로 개명해 주시는 것을 알 수 있습니다. 이때 하나님이 새로 개명해 주신 아브라함이라는 이름은 '모든 민족의 아버지'라는 뜻이었고 사라는 '여러 민족의 어머니'라는 뜻을 가지고 있었습니다. 당시에 이름은 그 사람의 정체성이나 앞으로 살아갈 운명에 대한 바람이 담겨져 있는 경우가 많았습니다.

한국에서도 이름을 지을 때 이와 비슷한 성격을 담고 있는데, 예를 들어 저의 이름은 재욱으로서 재상 재(宰)에 빛날 욱(昱) 자를 사용합니다. 높은 자리에서 빛나는 사람이 되라는 바람이 담겨 있는 것입니다. 이와 마찬가지로 아브라함 당시에도 이름은 그 사람에 대한 정체성과 앞날에 대한 바람이 담겨 있었던 것을 알 수 있습니다.

하지만 성경에서 하나님이 누군가의 이름을 새로 바꾸실 때에는 단순히 그 사람에 대한 정체성과 운명에 대한 바람 이상의 의미가 담겨져 있습니다. 적어도 성경에서 하나님이 누군가의 이름을 바꾸실 때에는 그 이름에 담긴 뜻대로 하나님이 그 사람을 만들어 가고, 이루어 가시겠다는 하나님의 의지가 담겨져 있는 것을 볼 수 있습니다.

이것을 잘 보여 주는 대표적인 인물이 예수님의 제자 중 하나였던 베드로였습니다. 본래 베드로의 본명은 시몬이었습니다. 그런데 예수님이 시몬을 제자로 부르시면서 베드로라는 별칭과 같은 이름을 지어 주십니다. 베드로는 반석이라는 의미를 가지고 있었습니다.

그런데 복음서에서 베드로의 모습을 살펴보면 그의 모습은 반석과는 전혀 거리가 먼 것을 알 수 있습니다. 누구보다 다혈질에 나서기 좋아했던 그의 모습을 생각해 보십시오. 또한 베드로하면 예수님을 세 번이나 부인한 유명한 사건이 있을 정도로 그의 모습은 반석과는 거리가 멀었습니다.

그럼에도 불구하고 예수님이 그의 이름을 베드로라 하신 이유는 단순한 바람을 넘어, 비록 당시 그의 모습은 연약하고 반석보다는 오히려 갈대와 같을지라도 장차 그가 반석과 같은 모습으로 바뀌어 갈 것을 알고 계셨기 때문입니다. 이를 좀 더 정확히 말하면 예수님이 베드로를 반석과 같이 바꾸시겠다고 선언한 것입니다.

이것을 잘 보여 주는 장면이 예수님이 부활하신 후에 예수님을 부인하고 떠난 베드로에게 다시 찾아가 그를 회복시키고 부르시는 장면입니다. 이전까지 갈대와 같았던 베드로는 예수님이 다시 자신을 찾아와 회복시키시는 이 경험을 통해 드디어 반석과 같이 세워져 가기 시작한 것입니다.

이것이 하나님이 일하시는 방법입니다. 아브라함과 사라도 마찬가지였습니다. 하나님이 아브람의 이름을 모든 민족의 아버지라는 뜻의 아브라함으로 바꾸시고, 사래의 이름을 여러 민족의 어머니라는 뜻의 사라로 바꾸신 데에는 그들을 하나님이 직접 그렇게 만들어 가시겠다는 하나님의 의지와 약속이 담겨져 있는 것입니다. 이러한 하나님의 일하심을 신약에서 다음과 같이 이야기합니다.

> 또 미리 정하신 그들을 또한 부르시고 부르신 그들을 또한 의롭다 하시고 의롭다 하신 그들을 또한 영화롭게 하셨느니라(롬 8:30).

성경은 '하나님이 내가 너희를 불렀으니 이제 너희가 부르심에 맞게 영화롭게 되라'라고 말하지 않습니다. 하나님이 부르시고, 부르신 이후 의롭다고 하시고, 그 다음에 의로운 모습에 맞게 영화로운 수준으로 친히 바꾸어 가신다는 것입니다. 쉽게 말해 하나님이 영화롭게 만들어주시겠다고 하는 것입니다.

우리가 의롭고 영화로워서 의롭다고 하시는 것이 아니라 하나님이 그렇게 만들어 주실 것이기 때문에 의롭다고 해 주시는 것입니다. 바로 이것이 우리 가운데 찾아오신 하나님이 일하시는 방법입니다. 하나님은 오늘날에도 이 의지를 가지고 우리의 인생 가운데 찾아와 하나님의 뜻대로 우리를 다듬어 가시고 만들어 가시는 것입니다.

4. 마음의 할례

앞서 언급했듯이 17장에서는 유대인들이 안식일과 더불어 목숨을 걸고 지켰던 율법 중 하나인 할례가 처음으로 등장합니다. 사실 할례라는 것 자체는 하나님이 아브라함에게 처음 주신 것은 아니었습니다. 할례는 그 형태가 조금씩 다르지만 아브라함 전에도 애굽을 비롯한 팔레스타인 지역에서 널리 행해지던 풍습 중 하나였습니다. 그러니까 할례 자체가 하나님이 아브라함에게 새롭게 만들어 주신 규례는 아니라는 것입니다.

중요한 것은 할례 그 자체가 아니라 하나님이 아브라함에게 할례를 명하실 때 그 속에 담고자 했던 의미와 상징에 있습니다. 하나님은 11절에서 아브라함에게 생식기 끝의 표피를 잘라낼 것을 명하시며 이 할례를 두고 하나님과 아브라함 사이의 언약의 표징이라고 말씀하시는 것을 볼 수 있습니다.

여기서 표징이라고 쓰인 히브리어는 '오트'라는 단어로서 이는 창세기 9장에서 하나님이 노아와 함께 무지개 언약을 세우실 때도 사용된 단어입니다.

무지개 언약이 무엇입니까?

하나님이 타락한 세상을 홍수로 심판하신 이후에 다시는 세상을 물로 심판하시지 않겠다고 노아에게 약속을 하시며 세우신 언약이 바로 무지개 언약이었습니다. 그러니까 무지개가 나타날 때마다 노아와 그의 자손들은 하나님이 다시는 자신들을 물로 심판하시지 않으리라고 하신 약속을 상기하고 기억하면서 하나님의 은혜를 떠올려야

했던 것이지, 무지개 자체가 하나님의 약속은 아닌 것입니다.

만약 무지개 자체가 하나님의 언약을 의미했다면 무지개가 뜨지 않는 날이 곧 하나님의 심판의 날이 되었을 것입니다. 그러므로 무지개가 중요한 것이 아니라 무지개가 담고 있는 언약의 내용과 상징이 중요한 것입니다.

할례도 마찬가지입니다. 할례의 본래 목적은 할례를 행하느냐 행하지 않느냐에 달려있는 것이 아니었습니다. 하나님이 우리와 언약을 세웠다는 이 언약을 상기하고 기억하게 하기 위한 방편으로 할례를 행했던 것입니다. 그래서 하나님도 13절에서 할례를 두고 하나님이 아브라함에게 약속하신 하나님의 언약이 '너희 살에 있다'고 말씀하시는 것을 볼 수 있습니다. 할례 그 자체가 언약이 아닌 것입니다.

이때 할례라는 단어를 히브리어로 보면 여기에는 '잘라 내다'라는 의미가 담겨 있는 것을 알 수 있습니다. 즉, 할례에 담긴 중요한 의미가 잘라 내는 것에 있다는 말입니다. 성경은 이러한 잘라 내는 할례의 특징을 가지고 신명기에서 다음과 같이 이야기하는 것을 볼 수 있습니다.

> 그러므로 너희는 마음에 할례를 행하고 다시는 목을 곧게 하지 말라
> (신 10:16).

신명기는 이스라엘 백성에게 마음의 할례를 행하라고 하면서 이스라엘의 마음에 담긴 하나님과 반대되는 완악함을 잘라 내라고 이야기합니다. 이를 통해서 우리가 알 수 있는 중요한 사실은 하나님이 아브라함에게 명하신 할례에 담긴 의미도 단순히 생식기의 표피를

자르는 것을 넘어 이전까지 아브람이라는 이름으로 살아왔던 과거의 삶을 잘라 내고 아브라함이라는 하나님께 붙잡힌 새로운 삶으로 전환하라는 것입니다.

이러한 할례의 의미가 더욱 명확해 지는 곳이 신약입니다. 신약 시대에 와서 할례는 세례로 바뀝니다.

세례가 무엇입니까?

본래 세례의 모습은 자신의 모든 몸을 물속에 담그는 침례였습니다. 이 침례의 가장 중요한 상징은 바로 죽었다가 다시 살아난다는 것에 있습니다. 즉 물속에 잠길 때 하나님과 예수님을 모르고 살았던 죄악된 우리의 옛 사람이 죽고, 물 밖으로 나올 때 그리스도의 새 사람으로 다시 태어난다는 의미가 담겨 있습니다. 그러므로 할례와 세례는 모두 하나님을 모르고 살아가던 옛 모습으로부터의 단절과 더불어 하나님과 함께하는 새로운 시작을 의미합니다.

오늘날 우리가 예수 그리스도를 믿는다는 것도 하나님을 모르고 옛 사람으로 살았던 내 과거의 인생을 잘라 내어 버리고 새 사람이 되었다는 선언입니다. 그러나 우리 안에 남아 있는 죄악된 근성과 죄성은 아직도 우리 속에서 우리를 넘어뜨리려 하고 우리를 유혹합니다. 결국 신앙생활은 죽는 날까지 내 안에 남아있는 옛 사람의 본성과 죄성을 잘라 내며 예수님을 닮아가는 데까지 나아가는 것에 있습니다. 이것을 다른 말로는 성화라고 합니다.

하지만 이 성화는 한 순간에 이루어지는 것이 아닙니다. 이것은 평생에 걸친 싸움이요 매일 매일 우리의 죄악된 습성을 잘라 내는 신앙적 결단과 의지 속에서 이루어지는 싸움입니다. 그러나 이 싸움도 우리 혼자만의 싸움이 아닙니다. 왜냐하면 아브라함이라는 이름에 아브람이었던 인생을 아브라함의 인생으로 바꾸어 가시겠다는 하나님의 의지가 담겨 있던 것처럼, 그리고 베드로라는 이름에 시몬을 반석과 같은 베드로로 바꾸어 가시겠다는 예수님의 의지처럼, 우리도 그렇게 만드시고 말겠다는 하나님의 선명한 십자가의 의지가 우리를 붙잡고 이끌어 가기 때문입니다.

제8장

멀어져 간 두 사람

1. 두 사람

　우리는 창세기 18장에서는 아브라함의 이야기가, 그리고 19장에서는 아브라함과 이별한 후 한동안 성경에서 자취를 감추었던 롯의 이야기가 등장하는 것을 볼 수 있습니다. 성경은 의도적으로 18장에서 아브라함의 이야기를 한 후에 19장에서는 롯의 이야기를 해줍니다. 간혹 성경은 각각의 이야기를 어떠한 방식으로 나열했는지, 그 이야기의 구조에 따라서도 메시지를 전달하곤 합니다. 18장과 19장이 바로 이러한 경우에 속합니다.

　성경은 의도적으로 18장에서 아브라함의 이야기를 한 후 뒤이어 나오는 19장에서 롯의 이야기를 함으로써 과거 하나님의 땅을 두고 다른 선택을 했던 두 사람의 모습이 어떻게 변해 가는지를 보여 주고 있습니다.

　아브라함이 처음에 고향인 갈대아 우르를 떠나 하나님이 약속하신 땅으로 올 때까지만 해도 그에게는 조카 롯이라는 동역자가 있었습니다. 롯은 비록 직접적으로 하나님의 약속을 받지는 않았지만 그 또한 고향을 떠나 아브라함과 함께 동행하며 하나님이 약속하신 땅에서 거할 수 있는 기회를 가졌습니다.

시간이 지나 아브라함과 롯이 서로의 소유가 많아져 같은 공간에서 동거하기가 힘들었을 때에도 아브라함은 롯에게 비록 공간의 한계로 서로 갈라서지만 자신과 하나님이 약속하신 땅에 계속 함께할 것을 요구하기도 했습니다. 하지만 롯은 고민 끝에 결국 아브라함과는 다른 길을 가게 됩니다. 이때 롯이 아브라함과 다른 길을 가게 된 결정적인 이유는 롯의 눈에 하나님이 약속하신 가나안 땅보다 화려하고 발달한 소돔과 고모라가 더욱 좋아보였기 때문이었습니다. 그리고 이때부터 아브라함과 롯의 길은 완전히 달라지기 시작했습니다.

비록 지금은 척박하기 그지없고 아무런 소망도 없어 보이지만 하나님의 약속을 따라 가나안에 머문 아브라함과 눈에 보이는 화려함만을 쫓아 소돔으로 간 롯의 행보가 시간이 지날수록 점차 다른 결과로 나오기 시작한 것입니다.

화려함을 쫓아 소돔으로 간 롯에게 처음 닥친 일은 전쟁의 소용돌이였습니다. 소돔에 머물던 롯은 가나안 땅의 패권을 두고 벌어진 아홉 왕들 간의 전쟁의 소용돌이 속에서 소돔의 패배로 인하여 그만 그돌라오멜 왕의 포로로 붙잡히게 됩니다. 그러나 이 절체절명의 위기의 순간에 하나님이 함께하신 아브라함의 극적인 구출 작전을 통하여 롯은 포로에서 구출되어 목숨을 건질 수 있었습니다.

롯은 자칫 목숨을 잃을 위험을 겪고 난 후 다시 정신을 차리고 아브라함과 함께 할만도 한데도 불구하고 롯은 이후에도 계속해서 소돔에 머무는 것을 선택합니다. 목숨이 걸린 위험이 있었음에도 불구하고 소돔의 아름다움과 화려함은 롯으로 하여금 그곳을 쉽게 떠날 수 없게 만드는 유혹이었던 것입니다.

그리고 이러한 롯의 모습은 아브라함의 모습과 대조를 이룹니다. 아브라함은 과거 가나안 땅에 기근이 왔을 때 하나님이 약속하신 땅을 떠나 애굽으로 내려갔다가 애굽 왕 바로에게 사라를 빼앗기고 우여곡절 끝에 다시 가나안으로 돌아왔습니다. 비록 아브라함도 한때 약속의 땅을 떠났었지만 그가 애굽에서 겪은 사건들은 아브라함으로 하여금 하나님의 뜻을 깨닫고 다시 돌아오게 만드는 중요한 신앙의 계기가 되었습니다.

하지만 롯은 소돔에서 겪은 우여곡절에도 불구하고 어떠한 깨달음을 얻지도 못했고 하나님의 뜻에 대해 생각하지도 않았습니다. 그는 여전히 자신이 보시에 좋은 곳에 머물고자 했던 것입니다. 그리고 점차 시간이 흐를수록 하나님의 약속을 믿은 아브라함과 자신이 보기에 좋은 곳을 따라 살던 롯의 길은 더욱 달라질 수밖에 없었습니다.

그리고 성경은 비록 그 시작은 고향인 갈대아 우르에서 함께했지만 다른 길을 가게 된 아브라함과 롯의 모습이 결국 어떠한 결과로 나타나게 되는지를 창세기 18장과 19장을 통하여 대조적으로 보여 줍니다. 그래서 18장과 19장을 살펴보면 두 장의 이야기가 서로 유사한 흐름으로 흘러가는 것을 알 수 있습니다. 먼저 창세기 18장과 19장의 시작을 보면 두 이야기 모두 아브라함과 롯을 찾아온 하나님의 이야기로 시작하는 것을 볼 수 있습니다.

> 여호와께서 마므레의 상수리나무들이 있는 곳에서 아브라함에게 나타나시니라 날이 뜨거울 때에 그가 장막 문에 앉아 있다가(창 18:1)

> 저녁 때에 두 천사가 소돔에 이르니 마침 롯이 소돔 성문에 앉아 있다가 그들을 보고 일어나 영접하고 땅에 엎드려 절하며(창 19:1).

두 이야기의 시작은 모두 장막 문에 앉아 있던 아브라함과 성문에 앉아 있던 롯을 찾아오는 하나님 혹은 하나님의 사자의 방문으로 시작합니다. 그런데 이때 성경은 의도적으로 아브라함과 롯이 거하고 있는 거주지를 밝혀줍니다.

둘이 거하고 있는 곳이 어디였습니까?

창세기 18장 1절에서 아브라함이 거하던 곳이 마므레였다고 말합니다. 그리고 19장 1절에서 롯이 소돔에 거하고 있었다고 밝히고 있습니다. 이는 앞선 13장에서 아브라함과 롯이 처음으로 갈라서던 장면을 떠오르게 합니다.

마므레가 어디입니까?

그곳은 창세기 13장에서 롯과 아브라함이 갈라서고 난 직후 아브라함이 하나님께 제단을 쌓고 터전을 잡은 곳이었습니다. 롯이 자신의 눈에 좋아 보이는 소돔을 쫓아 떠나고 난 이후, 아브라함은 소돔에 비하여 상대적으로 초라하기 그지없었던 가나안 땅을 바라보며 많은 생각에 잠겨 있었습니다. 이때 아브라함을 찾아온 하나님은 그의 눈에 보이는 사방의 땅을 두루 보라고 하십니다. 그리고 하나님은 아브라함이 보고 있는 모든 땅을 다 그에게 주실 것을 약속하십니다. 이 약속을 받은 아브라함이 하나님 앞에 제단을 쌓고 거주한 땅이 마므레였습니다.

마므레는 헤브론에 속한 지역이었는데 이곳은 아브라함이 하나님이 약속하신 땅에 들어와 처음으로 터전을 잡은 곳이었습니다. 히브리어에서는 '거주하다'라고 할 때에 '야샤브'라는 단어를 사용합니다. 그런데 아브라함이 하나님이 약속하신 가나안 땅에 온 이후 13장에서 마므레에 거주했다고 할 때 성경은 아브라함의 여정에서 처음으로 이 '야샤브'라는 단어를 사용하는 것을 볼 수 있습니다.

그러니까 마므레는 아브라함이 가나안 땅에 온 이후 처음으로 가나안 땅을 하나님이 주신 약속의 땅으로 믿고 거주하기 시작한 곳입니다. 그래서 성경을 보면 이 '마므레,' '헤브론'은 하나님이 약속하신 땅을 대표적으로 상징하는 의미를 가지고 있는 것을 볼 수 있습니다.

훗날 아브라함의 아내인 사라를 비롯하여 아브라함 자신과 이삭, 야곱 모두 헤브론의 마므레에 장사됩니다. 그리고 애굽에서 죽은 요셉도 그 시신이 훗날 출애굽 후 여호수아가 인도하는 이스라엘 백성들에 의해 마므레 땅에 장사됨으로써 하나님의 약속이 이루어졌습니다. 그러므로 마므레, 곧 헤브론은 하나님이 아브라함과 이스라엘에게 이루실 약속을 상징하는 땅인 것입니다.

하지만 아브라함이 약속의 땅 마므레에 거주하고 있던 것과는 반대로 롯은 소돔에 머물고 있었습니다.

소돔이 어디입니까?

성경은 13장에서 소돔을 설명하며 '여호와 앞에 악하며 큰 죄인이 었다'라고 말합니다. 이것이 소돔의 모습이었습니다. 그러므로 성경은 18장과 19장을 시작하면서 아브라함이 거하는 마므레와 롯이 거하는 소돔, 이 상반된 두 장소를 보여줌으로써 앞으로 일어날, 약속의 땅에 거하는 자와 그렇지 않은 자의 차이를 보여 주고자 하는 것입니다.

그래서 창세기 18장과 19장의 두 이야기의 흐름도 비슷하게 흘러가는 것을 알 수 있습니다. 하지만 두 이야기의 흐름은 같을지 몰라도 그 안에서 벌어지는 내용은 전혀 달랐습니다.

앞서 이야기했듯이 두 이야기는 모두 장막 문에 있는 아브라함과 성문에 있는 롯을 찾아온 하나님과 하나님의 사자 이야기로 시작을 하는 것을 볼 수 있었습니다. 그리고 아브라함과 롯 두 사람은 모두 공통적으로 자신을 찾아온 방문객이 평범한 자들이 아님을 한 눈에 알아보고 그들을 극진히 대접합니다.

고대부터 중동은 외부인이나 이방인들이 자신의 집에 찾아오면 그들을 극진히 대접하는 문화가 있었습니다. 하지만 아브라함과 롯의 경우에는 자신들을 찾아온 방문객을 향한 환영과 대접이 당시의 문화적인 수준을 넘어섰습니다. 이는 아브라함과 롯이 자신들을 찾아온 방문객들을 부르는 호칭에서도 알 수 있습니다.

> 이르되 내 주여 내가 주께 은혜를 입었사오면 원하건대 종을 떠나 지나가지 마시옵고 (창 18:3).

> 이르되 내 주여 돌이켜 종의 집으로 들어와 발을 씻고 주무시고 일찍
> 이 일어나 갈 길을 가소서(창 19:2).

아브라함과 롯 둘은 모두 자신을 찾아온 방문객을 '주'라고 부르며 자신을 '종'이라고 낮춥니다. 이는 아브라함과 롯이 자신을 찾아온 방문객을 단순한 외부인이 아니라 그보다 더 높은 하나님 혹은 하나님의 사자와 같은 신적인 존재로 인식하고 있었음을 보여 줍니다. 이에 둘 모두 자신들이 할 수 있는 최선의 대접을 그들에게 베푸는 것입니다. 아브라함은 엉긴 젖과 우유와 떡과 송아지를 베풀고 롯은 한밤중에 자신을 찾아온 사자들을 위해 잠자리와 무교병을 대접합니다.

하지만 아브라함과 롯의 융숭한 대접에도 불구하고 마므레에서 하나님의 사자가 겪은 일과 소돔에서 겪은 일은 극명한 차이가 있습니다.

먼저 마므레에서 아브라함을 찾아온 하나님의 사자는 아브라함의 환영과 더불어 그의 집 안에 있는 종과 하인들에게도 동일한 환영과 대접을 받는 것을 볼 수 있습니다.

> 아브라함이 급히 장막으로 가서 사라에게 이르되 속히 고운 가루 세 스아를 가져다가 반죽하여 떡을 만들라 하고 아브라함이 또 가축 떼 있는 곳으로 달려가서 기름지고 좋은 송아지를 잡아 하인에게 주니 그가 급히 요리한지라(창 18:6-7).

하지만 소돔의 경우에는 비록 롯은 하나님의 사자를 극진히 대접했을지 모르지만 시간이 얼마 지나지 않아 이 환영이 소돔 사람들의 악

한 모습으로 무너지게 되는 것을 볼 수 있습니다. 성경은 이를 두고 19장 4절에서 소돔 백성들이 노소를 막론하고 원근에서 다 모여 롯이 집을 포위했다고 말합니다.

> 그들이 눕기 전에 그 성 사람 곧 소돔 백성들이 노소를 막론하고 원근에서 다 모여 그 집을 에워싸고(창 19:4).

이렇듯 성 안에 살던 소돔 사람들이 다 모여 롯의 집을 둘러싼 모습은 소돔의 죄악이 단순히 몇몇 사람의 죄악을 넘어 소돔 전체에 누룩처럼 퍼져 있었음을 보여 줍니다. 그리고 노소와 거리의 멀고 가까움을 막론하고 롯의 집으로 모여든 소돔 사람들은 롯의 집에 들어온 하나님의 사자에게 성적인 범죄를 저지르려고 합니다.

> 롯을 부르고 그에게 이르되 오늘 밤에 네게 온 사람들이 어디 있느냐 이끌어 내라 우리가 그들을 상관하리라(창 19:5).

이때 '상관하리라'고 번역된 히브리어 '야다'는 알다는 말로 성적인 관계를 의미하는 말이기도 합니다. 그러므로 소돔 사람들은 자신들의 성읍을 찾아온 이방인을 대접하기는커녕 동성애를 비롯하여 그들을 자신들의 성적인 만족감을 위한 도구로 사용하고자 했던 것입니다. 이러한 소돔의 모습은 그들이 얼마나 성적으로 문란하고 타락해 있었는지를 보여 줍니다.

그리고 이러한 소돔의 모습은 마므레에서 하나님의 사자가 아브라함을 포함한 그의 온 집에서 극진한 대접을 받고 환영을 받던 모습과는 극적인 대조를 이루어 줍니다. 결국 이러한 위기 속에서 롯은 자신의 두 딸을 희생양으로 내놓으면서까지 하나님의 사자를 보호하고자 합니다.

그런데 이때 하나님의 사자를 보호하기 위하여 자신의 두 딸을 내놓는 롯의 모습은 언뜻 보기에 엄청난 희생을 감내하는 헌신적인 모습으로 보일 수 있습니다만 사실은 전혀 그렇지 않습니다. 자신의 딸을 성적인 노리개의 또 다른 희생양으로 던지고자 하는 롯의 모습은 실상 그도 어느새 소돔의 타락한 성적인 가치관과 문화에 물들어가고 있었음을 보여 줍니다. 어느새 롯도 오랜 시간 동안 소돔에서 정착하여 그곳에서 살며 자신도 모르는 사이에 문란한 소돔 문화의 영향을 받았던 것입니다. 그리고 이러한 소돔의 영향은 롯의 가정에도 깊숙이 들어와 있었습니다.

결국 이러한 소돔의 영향이 훗날 롯의 두 딸이 대를 잇기 위하여 너무나 쉽게 자신의 아버지와 근친의 관계를 갖는 것을 통해서 드러나게 되는 것입니다.

2. 둘 다는 없다

소돔으로 간 롯은 자신도 모르는 사이 어느새 소돔이라는 세상의 가치관과 타락한 문화 속에 젖어들고 있었습니다. 이것이 세상의 무서움입니다. 실제로 하나님을 떠나거나 교회에서 멀어진다고 해서 사람이 곧바로 변하는 것이 아닙니다. 단지 하나님을 떠나 교회에서 멀어지다 보면 조금씩, 조금씩 세상의 문화와 가치관에 익숙해지고 둔감해지는 것입니다. 그리고 그렇게 시간이 더 지나다 보면 어느새 하나님을 완전히 떠나 세상과 같은 모습으로 살아가게 되는 자신을 발견하게 됩니다. 그러므로 하나님의 곁을 떠나는 것은 곧 세상과 같아지는 길입니다.

우리는 하나님의 편에도 있고 세상의 편에도 있을 수는 없습니다. 우리가 하나님과 세상 모두에 발을 걸쳐 놓는 순간 우리는 이미 세상으로 가고 있는 것입니다. 이것은 세상의 모든 것과 연을 끊고 기도원이나 수도원에 들어가 혼자 살라는 의미가 아닙니다. 우리가 무엇을 의지하고 온전히 붙들고 사느냐의 문제인 것입니다. 신앙과 기도는 교회의 편에 두고, 먹고 사는 문제는 세상에 두고 살아가는 것을 이야기하는 것입니다.

이러한 것을 단편으로 보여 주는 것 중에 하나가 교육입니다. 한국은 특히나 자녀를 향한 부모들의 열정과 욕심으로 교육에 대한 관심이 남다른 나라 중에 하나입니다. 그러다 보니 한국은 학원이 세계에서 가장 많고 성황을 이루는 나라입니다. 그리고 학원들은 점차 과열되는 부모들의 기대와 열정 가운데 살아남기 위하여 많은 수업과 보충 특별 프로그램들을 내어놓기 바쁩니다.

이 중에 하나가 시험 기간 보충입니다. 중학생 아이들의 경우에는 시험 한 달 전부터 각 학원은 비상 수업이 시작됩니다. 여러 학업 프로그램을 만들어 내고 보충을 하기도 합니다. 요새는 거의 대부분 학원들이 토요일과 주일에도 시험 보충 수업을 합니다. 그러다 보니 시험 기간만 되면 주일 예배와 시간이 겹치는 보충 수업에 간다고 예배에 빠지는 아이들이 많아집니다. 그런데 문제는 대부분 이러한 아이들이 교회 중직자들의 자녀라는 것입니다.

사실 예배에 빠지고 보충에 가는 것 자체가 이미 신앙의 고백에서 실패한 것입니다. 말은 하나님이 책임진다고 하면서 실제로는 그렇게 믿지 않습니다. 학원의 수업과 보충이 아이들을 책임질 수 있다고 생각하고 있습니다. 본인들은 그렇지 않다 말하더라도 이미 그것이 한국 교회의 현실이고 신앙고백입니다. 신앙과 세상의 갈림길은 생각보다 대단한 것에 있는 것이 아닙니다. '예수님 믿으면 너 죽이고 안 믿으면 살려줄게'라고 하는 극단적인 선택은 오히려 쉬운 선택일 수 있습니다. 문제는 당장 이 문제가 나에게 그렇게 크게 와 닿지 않을 때 '이 정도는 괜찮아'라고 생각하며 우리가 넘어진다는 것입니다.

그러므로 우리는 어떠한 것을 선택하고 결정할 때 우리 마음의 동기를 잘 돌아보아야 합니다. 이 선택이, 이 결정이 어떠한 동기와 마음에서 나오는 것인지 하나님 앞에 비추어 봐야 하는 것입니다. 둘 다는 없습니다. 결국은 하나님을 전적으로 의지하느냐 않느냐의 싸움인 것입니다. 성경은 이를 두고 요한계시록에서 이렇게 이야기합니다.

> 내가 네 행위를 아노니 네가 차지도 아니하고 뜨겁지도 아니하도다 네가 차든지 뜨겁든지 하기를 원하노라(계 3:15).

이 말이 진짜 차거나 혹은 뜨겁거나 둘 중에 하나를 선택하라는 말입니까?

만약에 자녀가 너무나 말을 안 듣고 사고를 칠 때 부모가 아이를 붙잡아 놓고 '너, 이렇게 계속 말 안 듣고 엄마 속상하게 할 거면 집을 나가든지, 아니면 말을 잘 듣든지 해'라고 말한다면 이것이 진짜 아이에게 집을 나가든지 집에 있든지 선택을 하라는 말입니까?

이 말은 '제발 말 좀 잘 들어라'라는 자녀를 향한 완곡한 표현입니다. 요한계시록의 말씀도 마찬 가지입니다. 차든지 혹은 뜨겁든지 하라는 말은 '하나님 믿든지 아니면 버리든지 하나만 해라'는 말이 아니라, '제발 하나님만 믿고 의지하며 하나님께 온전히 네 인생을 맡겨 봐라'라는 말입니다.

오늘날에도 하나님이 우리에게 요구하시는 믿음이 이것입니다. 이것은 우리가 세상에서 얼마나 잘 사는가, 얼마나 죄를 짓지 않고 깨끗하게 사는가, 교회에서 봉사와 섬김을 잘 하는가에 대한 문제가 아닙니다. 부족하고 연약해도 하나님께 기대어 그분께 인생을 내던져 보라는 것입니다. 그러면 하나님이 책임지시고 이끌어 주시겠다는 말입니다.

안타깝게도 아브라함의 조카 롯은 그러한 삶을 살지 못했습니다. 그의 눈에 소돔이 좋아 보이는 때부터 그는 이미 하나님과 멀어지는 길을 택한 것입니다. 그리고 이렇게 소돔을 향해 가던 롯은 그곳에 살면서 점차 소돔의 가치관과 영향력에 둔감해져서 소돔 사람 중에 하나가 되어 버린 것입니다.

3. 두 후손 이야기

　롯과 아브라함의 차이는 소돔이 멸망하게 될 것에 대한 예언을 듣고 난 이후의 행동을 통해서도 나타납니다. 하나님을 통하여 소돔이 멸망할 것을 들은 아브라함은 하나님을 막아선 후 혹시라도 소돔에 존재할 수 있는 의인을 위해서라도 소돔을 용서해 줄 것을 간구합니다. 그리고 이 요청에 대한 아브라함의 첫 조건은 의인 50명이었습니다. 만약 하나님이 소돔을 멸하실 때 그 성에 의인 50명이 존재한다면 의인의 죽음이 억울할 수 있다는 것이었습니다. 그리고 이 말을 들은 하나님은 만약 그 성에 의인 50명이 있다면 성읍을 멸하지 않겠노라고 약속하십니다. 그러자 이번에는 아브라함이 45명의 의인을 이야기합니다. 혹여라도 의인 5명이 모자라는 것 때문에 소돔이 멸망할 수는 없다는 것입니다.

　그리고 이렇게 조금씩 하나님과 혹여나 있을 의인을 두고 흥정하던 아브라함의 조건은 의인 10명에서 끝을 맺습니다. 이는 당시에 10이라는 숫자가 완벽을 의미했기 때문입니다. 그러므로 소돔 성에 의인이 10명도 없다는 것은 상징적으로 그 성에 의인이 하나도 없다는 말이 되기에 아브라함의 설득이 10명에서 끝을 맺는 것입니다. 이렇듯 아브라함이 소돔의 멸망을 놓고 혹여나 있을 의인을 위해 하나님을 설득했습니다.

　그렇다면 롯의 모습은 어떠합니까?
　롯은 소돔을 향한 하나님의 심판이 코앞에 닥쳐 있음에도 불구하고 계속 머뭇거리고 있었습니다. 그러다 결국 하나님의 사자가 롯의 머뭇거림을 보다가 롯을 강제로 끌어 탈출시킵니다.

> 그러나 롯이 지체하매 그 사람들이 롯의 손과 그 아내의 손과 두 딸의 손을 잡아 인도하여 성 밖에 두니 여호와께서 그에게 자비를 더하심이 었더라(창 19:16).

이러한 롯의 머뭇거림은 하나님의 심판이 닥쳤음에도 불구하고 그가 아직도 소돔에 대한 미련을 버리지 못하고 있었음을 보여 줍니다. 롯은 자신이 소돔에서 이룬 성공과 부와 명예를 마지막 순간까지도 버리지 못하고 머뭇거린 것입니다. 이러한 롯의 모습은 한 번 세상에 발을 들여놓은 인간의 욕망이 얼마나 끊기 어려운가를 보여 줍니다. 그 심판과 멸망을 앞에 두고도 롯은 자신이 소돔에서 이룬 것들을 안타까워하며 머뭇거리고 있던 것입니다.

아브라함과 롯의 차이점은 둘의 아내를 통해서도 극명하게 드러납니다. 롯의 아내는 아마도 소돔 출신의 여인이었을 것입니다. 하나님의 심판이 소돔에 임할 때 소돔을 떠나 롯과 함께 도망가던 롯의 아내는 자신의 고향인 소돔에 미련을 버리지 못하고 결국 뒤를 돌아보지 말라는 하나님의 사자의 명령을 어기고 소돔 성을 돌아보다가 소금 기둥이 되어 버립니다.

반면에 아브라함의 아내 사라는 여자로서 아이를 낳을 수 있는 생물학적 가능성이 사라진 나이였음에도 불구하고 하나님께 이삭이라는 자녀를 낳을 것을 약속 받는 것을 볼 수 있습니다. 이렇듯 같은 여인임에도 노년에 자녀를 약속 받은 아브라함의 아내 사라와 소금 기둥이 되어 버린 롯의 아내의 모습은 하나님의 약속에 거했던 아브라함의 가정과 그렇지 못한 롯의 가정의 간극을 보여준다고 할 수 있습니다.

마지막으로 아브라함과 롯의 차이는 후손에 대한 이야기에서 절정을 이룹니다. 아브라함에게 찾아오신 하나님은 그에게 내년 이 맘 때에 자식이 생길 것이라고 구체적인 시기까지 가르쳐 주십니다. 그동안 아브라함이 기약 없이 기다려 왔던 순간이 처음으로 구체적으로 제시된 것입니다. 비록 아브라함과 사라에게 인간의 생물학적 가능성은 사라졌지만 하나님은 하나님의 능력으로 그들에게 자식이 생길 것을 말씀하여 주신 것입니다. 하나님이 주신 약속의 자식이 바로 이삭입니다.

반면 롯의 이야기는 두 딸과 아버지 사이의 근친이라는 비정상적인 관계로부터 롯의 후손이 생기게 된 것으로 끝을 맺습니다. 롯이 소돔이 멸망하는 것을 보고 유일하게 살아남은 두 딸과 함께 산 속의 동굴로 피신해 있을 때, 어머니를 비롯하여 자신들의 모든 것을 다 잃었다고 생각한 롯의 두 딸들은 서로 꾀를 하나 냅니다. 그것은 바로 자신들의 후사를 잇기 위하여 아버지에게 술을 먹여 취하게 한 후 두 딸이 아버지와 번갈아 가며 근친 관계를 갖자는 것이었습니다.

이러한 롯의 두 딸들의 말도 안 되는 생각은 그들이 소돔에서 나고 자라면서 소돔의 음란한 문화에 얼마나 깊게 물들어 있었는지를 보여 줍니다. 결국 이러한 모습을 통하여 우리는 하나님의 약속의 땅을 떠나 자신의 눈에 좋아 보이는 세상을 쫓아갔던 롯과 그 가정이 겪어야 했던 죄의 결과를 보게 됩니다.

인간적으로 어떠한 소망도 보이지 않았지만 하나님을 믿고 약속에 땅에 남아 거주했던 아브라함이 하나님을 통해 기적 같은 자녀를 약속 받았다면, 반면에 하나님을 떠나 자신의 눈에 보이는 화려함만을 쫓아 살았던 롯의 가정은 시간이 지날수록 더욱 처참하게 망가지고 있었습니다. 그리고 이러한 아브라함과 롯의 모습은 성경이 오늘날 우리에게 보여 주는 두 삶의 모습입니다.

비록 지금은 느리고 초라해 보이지만 하나님의 약속을 따라 살며 하나님의 기적을 보는 아브라함의 인생.

그리고 잠시 눈에 보이는 화려함을 쫓아 하나님을 떠나 살다 처참한 결말을 맞이하는 롯의 인생.

이 두 인생의 극명한 차이를 성경은 아브라함과 롯의 여정을 통해 우리에게 보여 주는 것입니다.

4. 중보자가 된 아브라함 그리고 참 중보자이신 예수

마지막으로 우리는 이 18장과 19장의 이야기 속에서 중보자의 역할을 하는 아브라함의 모습을 볼 수 있습니다. 성경은 아브라함이 왕이요, 제사장이요, 선지자로서의 세 가지 역할을 상징적으로 감당하고 있음을 보여 줍니다. 그런데 이 왕, 제사장, 선지자의 삼중직은 바로 예수 그리스도의 역할이기도 합니다. 그러니까 성경에서 아브라함은 오실 예수 그리스도의 예표적 역할도 하는 것입니다.

이를 잘 보여 주는 것이 하나님과 의인을 두고 설득하는 아브라함의 모습입니다. 사실 이 설득은 정확히 이야기하면 중보라고 보는 것이 더 옳습니다. 아브라함은 소돔을 멸하시고자 하는 하나님을 설득하면서 그곳에 의인이 있다면 그 의인을 보아서 멸망을 멈추어 주실 것을 요구합니다.

그런데 창세기 19장에서 소돔의 모습이 어떠했습니까?

소돔에 의인이 하나도 없었습니다. 실상 이러한 소돔의 모습은 하나님을 떠난 인류의 모습과 같습니다. 그래서 이러한 세상의 모습을 로마서는 이렇게 말합니다.

> 기록된 바 의인은 없나니 하나도 없으며(롬 3:10).

> 모든 사람이 죄를 범하였으매 하나님의 영광에 이르지 못하더니 (롬 3:23).

그러니까 소돔의 타락은 하나님을 떠나 타락한 인류의 축소판인 것입니다. 롯도 마찬가지였습니다. 앞서 살펴보았듯이 하나님을 떠난 롯도 이미 소돔의 문화와 영향력 아래 죄에 물들어 있었습니다. 한마디로 성경은 롯도 의인이 아니라 죄인이었다고 말하는 것입니다. 그런데 사실상 죄악된 소돔 속에서 함께 멸망했어야 할 롯은 구원을 받습니다. 그리고 성경은 이 롯이 구원받은 이유를 다음과 같이 설명해 줍니다.

> 하나님이 그 지역의 성을 멸하실 때 곧 롯이 거주하는 성을 엎으실 때에 하나님이 아브라함을 생각하사 롯을 그 엎으시는 중에서 내보내셨더라(창 19:20).

위 말씀에서 하나님이 롯을 왜 소돔의 멸망 속에서 구원했다고 말합니까?

바로 아브라함 때문이라고 말해줍니다. 그러니까 실제로는 롯 또한 죄악된 소돔의 세상에서 함께 심판받았어야 하는 죄인이었는데 아브라함 때문에 하나님이 그를 구원해 내셨다고 성경이 말하는 것입니다.

이 모습이 무엇을 보여 줍니까?

바로 중보자 되시는 예수 그리스도를 통해 죄인인 우리가 구원받은 구원의 그림을 보여준다고 할 수 있습니다. 그러니까 아브라함을 통하여 구원받은 롯의 모습은 바로 장차 예수 그리스도를 통하여 소돔과 같은 세상에서 구원받을 우리의 모습을 담고 있는 것입니다. 이것이 아브라함이 하나님을 붙잡고 하던 설득에 담긴 의미였습니다. 이 하나님을 설득하는 아브라함의 모습이 바로 오늘날 죄인 되었던 우리를 구원하기 위해 십자가에서 하나님을 설득하신 중보사 예수 그리스도의 모습인 것입니다.

제9장

두 번째 도망

1. 다시 도망가다

과거 아브라함이 하나님이 약속하신 땅에 도착한지 얼마 되지 않았을 때 그 땅에 극심한 가뭄이 찾아온 적이 있었습니다. 그리고 당시 아브라함은 약속의 땅에 찾아온 가뭄을 버티지 못하고 결국 하나님이 약속하신 땅을 떠나 상대적으로 문화가 발달하고 풍족한 애굽으로 내려가 거기에 눌러앉을 생각을 하게 됩니다.

하지만 이는 분명 하나님 앞에 옳지 못한 선택이었습니다. 더군다나 아브라함은 애굽으로 내려가는 길에 자신의 아내인 사라 때문에 혹여 자신이 목숨을 잃지는 않을까 하는 걱정에 아내인 사라를 누이라고 속이기까지 한 것을 보게 됩니다. 이러한 아브라함의 행동은 하나님이 앞서 그에게 하셨던 땅과 자손에 대한 약속을 그가 얼마나 가볍게 여기고 있었는지를 보여 줍니다. 하나님을 향한 아브라함의 믿음이 아직은 온전치 못했던 것입니다.

하지만 이러한 아브라함의 연약함에도 불구하고 하나님은 아브라함의 삶에 친히 간섭하셔서 사라를 보호하시고 애굽 왕 바로를 통하여서 그를 등 떠밀 듯이 다시 약속의 땅으로 돌려보내시는 것을 볼 수 있습니다. 그리고 당시 이 애굽 사건은 아브라함에게 있어서 신앙의 큰 전환점이 되었습니다. 그가 애굽에서 겪은 일련의 사건들과 하나님의 간섭하심이 아브라함으로 하여금 하나님을 향한 신앙의 새로운 전환을 맞이하게 한 것입니다.

그러나 창세기 20장의 이야기는 아브라함이 마치 그가 처음 가나안 땅에 왔을 때와 같은 연약한 믿음의 상태로 다시 되돌아 간 것처럼 보이게 합니다. 성경은 20장에서 첫 이야기를 시작하면서 아브라함이 다시 한 번 약속의 땅을 떠나는 모습을 보여 줍니다. 20장 1절은 아브라함이 가데스와 술 사이에 있던 그랄에 거주했다고 말하는데, 이때 성경은 의도적으로 그가 '거기서' 옮겨 갔다는 것을 강조하는 것을 볼 수 있습니다.

> 아브라함이 거기서 네게브 땅으로 옮겨가 가데스와 술 사이 그랄에 거류하며(창 20:1).

그런데 1절에서 그랄로 내려가 거주하는 아브라함을 설명할 때 쓰인 단어들을 보면, 앞선 창세기 12장에서 가뭄을 피해 애굽으로 내려가던 아브라함의 여정 길을 설명할 때 쓰인 단어와 많은 부분에서 유사한 것을 알 수 있습니다. 먼저 12장 9절을 보면 성경은 애굽으로 내려가기 전 아브라함이 점차 남방으로 옮겨갔다고 설명하는 것을 볼 수 있습니다. 이 남방이라는 말은 히브리어로 '네게브'라는 단어인데 애굽과 가나안의 경계에 걸쳐 넓게 펼쳐진 남쪽 광야 지역을 말합니다. 그런데 창세기 20장 1절에서도 성경은 아브라함이 다시 하나님이 약속하신 땅을 떠나 가나안의 경계 지역인 네게브를 향하여 옮겨 가고 있다고 말하는 것을 볼 수 있습니다.

또한 앞선 창세기 12장에서 하나님이 약속하신 땅을 떠나가는 아브라함의 여정 길을 설명할 때 '나싸'라는 단어를 사용한다고 말한 적이 있습니다. '나싸'는 그 뜻 자체는 이동하다는 뜻이지만 창세기에서는 종종 하나님께로부터 멀어지는 모습을 그릴 때 사용되기도 했습니다. 그런데 이 '나싸'라는 단어가 20장에서 네게브로 옮겨 가는 아브라함의 여정 길을 이야기할 때 다시 한 번 사용됩니다. 그러니까 성경은 지금 다시 한 번 아브라함이 하나님이 약속하신 땅을 떠나 하나님과 멀어지고 있음을 보여 주고 있는 것입니다.

마지막 유사점은 '거류하다'라는 말입니다. 창세기 12장에서 아브라함이 애굽에 거류했다고 할 때 성경은 '구르'라는 히브리어 단어를 사용합니다. 이 '구르'는 오늘날로 치면 '이민' 정도에 해당하는 단어라고 보면 좋습니다. 그러니까 '구르'는 외국에서 넘어온 외국인이 타지에서 완전히 정착하고자 할 때 쓰이는 단어인 것입니다. 그리고 20장 1절에서 성경은 아브라함이 그랄에 거류했다고 할 때 이 '구르'라는 단어를 다시 한 번 사용하는 것을 보게 됩니다.

그러니까 성경은 약속의 땅을 떠나 그랄에 거주하기로 한 창세기 20장에서의 아브라함의 모습이 약속의 땅을 떠나 애굽으로 내려갔던 12장에서의 아브라함의 모습과 일치하고 있음을 두 이야기 속에서 동일한 단어들을 사용함으로써 말해 주고 있습니다.

왜 아브라함이 다시 약속의 땅을 떠나 그랄로 내려갔는지에 대해서는 성경이 다른 구체적인 설명을 하지 않기 때문에 그 정확한 이유를 알 수는 없습니다. 하지만 지금까지 아브라함의 모습을 봤을 때 그가 다시 약속의 땅을 떠나 그랄로 갈 수밖에 없었던 외부적인 요인이 있었음은 분명해 보입니다.

하지만 그 원인이 어떠한 것이었던 간에 아브라함의 모습은 결코 하나님 앞에 옳은 모습이라 할 수 없었습니다. 그 많은 세월이 흐르면서 반복되는 하나님의 약속과 확인에도 불구하고 아브라함은 여전히 하나님의 약속을 온전히 신뢰하지 못하고 있었던 것입니다.

이것을 잘 보여 주는 장면 중 하나가 아브라함이 또 다시 사라를 자신의 누이라 속이는 장면입니다. 분명 앞선 창세기 18장에서 하나님은 아브라함에게 나타나셔서 내년 이 맘 때 사라를 통하여 자녀를 주겠노라고 그 시기까지 구체적으로 알려주었습니다. 그러나 하나님이 아브라함에게 나타나 자녀에 대해 구체적인 약속을 한 지 1년도 채 안 되었음에도 불구하고 아브라함은 다시 사라를 누이라 속임으로 이 하나님의 약속을 내팽겨쳐버린 것을 볼 수 있습니다. 그리고 이는 하나님을 향한 아브라함의 신뢰가 얼마나 약해져 있었는지를 보여 줍니다.

아마 기약 없는 세월 동안 이스마엘 외에는 더 이상의 자녀가 생산될 여지가 없음을 보고 아브라함의 믿음이 많이 흔들리고 연약해졌던 것 같습니다. 아브라함은 이스마엘 하나에 만족하고자 했을 수도 있습니다. 그리고 아브라함이 약속의 땅을 처음으로 떠나 애굽으로 갔을 때처럼, 결국 아브라함은 하나님을 향한 신뢰가 흔들려서 하나이 주시고자 했던 약속의 땅을 떠나 다른 곳을 향하게 된 것입니다.

이러한 아브라함의 모습을 보면 볼수록 우리는 믿음의 조상이라 불렸던 그의 모습이 생각보다 연약하고 오늘날 우리의 신앙생활과도 크게 다를 것이 없음을 보게 됩니다. 반복되는 하나님의 약속과 말씀에도 불구하고 다시 넘어지고 흔들리는 그의 모습은 마치 오늘날 우리의 모습과도 같아 보입니다.

맞습니다. 아브라함은 특별히 더욱 믿음이 특출하거나 큰 믿음을 가진 인물이 아니었습니다. 그러나 그럼에도 불구하고 성경이 아브라함을 두고 믿음의 조상이라 이야기하고 하나님이 그를 이스라엘의 조상으로 세우신 까닭은 참으로 크신 하나님이 그를 붙잡아 주셨기 때문입니다.

우리와 같이 죄인이요, 행위와 자신의 믿음으로서는 내세울 것 하나 없는 아브라함을 하나님이 포기하지 않으시고 끈질기게 설득하시고 바꾸어 나가신 것입니다. 그래서 사실 진정으로 큰 믿음은 하나님께 설득당하는 것입니다. 끊임없이 우리의 삶 속에 찾아와 우리를 설득하시는 이 하나님의 설득에 넘어가는 것이 참 믿음인 것입니다.

2. 바로 잡으시는 하나님

아브라함은 하나님이 찾아와 자녀에 대한 구체적인 약속을 해 주셨음에도 불구하고 1년도 안되어 자신에게 찾아온 어려움에 다시 한 번 하나님의 약속을 저버렸습니다. 하지만 우리는 언제나 인간의 연약함과 실수에도 불구하고 하나님이 하나님의 일을 이루어 나가시는 것을 볼 수 있습니다. 창세기 20장에서도 역시 마찬가지입니다. 흔들린 믿음에서 비롯된 아브라함의 연약함과 실수를 하나님이 다시 바로잡기 시작하시는 것을 볼 수 있습니다. 그 시작은 아비멜렉의 꿈에 나타난 하나님의 현몽이었습니다. 사라를 취한 날 밤 하나님은 그랄 왕 아비멜렉의 꿈에 나타나 사라에게 남편이 있음을 말씀하여 주십니다.

> 그 밤에 하나님이 아비멜렉에게 현몽하시고 그에게 이르시되 네가 데려간 이 여인으로 말미암아 네가 죽으리니 그는 남편이 있는 여자임이라(창 20:3).

그런데 이때 우리에게 드는 의문점 하나는 도대체 나이가 90이 넘은 사라를 왜 아비멜렉이 취했냐는 것입니다. 적어도 아브라함이 애굽에 내려갈 때와 그랄에 내려갈 때의 사라의 모습은 확연히 달랐을 것입니다. 게다가 성경은 이미 18장에서 사라에게 여인으로서의 생리적인 기능이 끊어져 있었다고 말하는 것을 볼 수 있습니다. 이를 두고 어떤 학자들은 하나님이 사라에게 자녀를 주실 것을 약속한 이후 사라가 점차 회춘하였을 것이라고 말하기도 합니다.

하지만 이보다 더 타당한 견해는 아비멜렉이 자신의 정치적인 이득을 위해 정략적으로 사라를 취했을 것이라고 보는 것입니다. 당시 가나안 땅에서 아브라함이 가졌던 족장으로서의 영향력은 결코 무시할 수 없는 수준이었을 것입니다. 또한 그가 창세기 14장에서 가나안의 패권을 장악하고 있던 그돌라오멜과 그의 연합군을 물리친 사건은 그의 유명세를 더욱 크게 했을 것입니다. 아마도 이러한 영향력을 가진 아브라함과 연맹을 형성하는 것은 아비멜렉에게도 정치적으로 큰 이득이 되었을 것입니다. 이에 아비멜렉이 자신의 정치적인 이득을 위해 아브라함의 아내인 사라를 취하려 한 것입니다.

그런데 문제는 아브라함이 사라를 통하여 자녀를 주시겠다는 하나님의 약속이 있었음에도 불구하고 자신의 아내인 사라가 아비멜렉에게 가는 것을 막거나 거부하지 않는다는 것입니다. 그는 여전히 자신의 아내인 사라를 누이로 속이고 있었습니다. 그리고 우리는 그 이유를 11절에서 아브라함의 고백을 통해 알 수 있습니다.

> 아브라함이 이르되 이곳에서는 하나님을 두려워함이 없으니 내 아내로 말미암아 사람들이 나를 죽일까 생각하였음이요(창 20:11).

지금 아브라함의 말이 무슨 의미입니까?

아브라함이 자신의 아내인 사라를 누이로 속인 이유를 두고 자신의 목숨을 보존하기 위해서라고 말하고 있습니다. 아브라함에게는 하나님이 자신에게 주신 약속보다도, 자신의 아내보다도, 자신의 목숨이 더 소중했던 것입니다. 창세기를 통해 아브라함의 모습을 살펴보다 보면 그가 생각보다 더 이기적이고 자기중심적인 모습을 가지고 있는 것을 알 수 있습니다.

하갈에 대한 아브라함의 처분을 생각해 보십시오.

아브라함이 하갈의 고통과 이스마엘의 안위보다도 자신의 안위를 더 중요하게 생각했던 것을 볼 수 있지 않습니까?

이렇듯 아브라함은 자신의 안전과 안위를 제일 중요하게 생각하던 사람이었습니다. 이 이야기에서도 마찬가지입니다. 아브라함의 말은 그랄 땅에 하나님을 두려워함이 없었기 때문이라고 말하지만 그 속내에 감춰진 진의는 자신의 목숨을 보존하기 위함이었습니다. 그리고 이러한 아브라함의 속내는 그가 하나님을 두려워하기보다는 그랄 땅의 왕과 세상을 더 두려워하고 있음을 보여 줍니다.

반면에 아이러니하게도 오히려 창세기 20장에서 아브라함보다 더 하나님을 신뢰하고 두려워하는 자는 이방 왕이었던 그랄 왕 아비멜렉이었습니다. 그의 행동을 보십시오. 하나님께 경고를 받은 아비멜렉은 잠에서 깨자마자 바로 자신의 종과 신하들을 다 불러 자신이 겪은 일에 대해 이야기해 줍니다.

그런데 이때 아비멜렉을 비롯한 그랄 사람들의 첫 반응이 무엇이었습니까?

바로 하나님을 향한 두려움입니다.

> 아비멜렉이 그 날 아침에 일찍이 일어나 모든 종들을 불러 그 모든 일을 말하여 들려주니 그들이 심히 두려워하였더라(창 20:8).

그리고 이 후 아브라함을 불러 자초지종을 물으며 아브라함과 사라를 후대하는 아비멜렉의 모습에서 우리는 아비멜렉이 진정으로 하나님을 두려워하고 있었음을 알 수 있습니다.

아브라함을 향한 아비멜렉의 두 번의 질문에서도 우리는 그가 얼마나 하나님을 두려워하고 있는지를 알 수 있습니다.

> 네가 어찌하여 우리에게 이렇게 하느냐 내가 무슨 죄를 네게 범하였기에 네가 나와 내 나라가 큰 죄에 빠질 뻔하게 하였느냐 … 아비멜렉이 또 아브라함에게 이르되 네가 무슨 뜻으로 이렇게 하였느냐?(창 20:9-10).

또한 아비멜렉은 자신이 아브라함에게 속았음에도 불구하고 오히려 아브라함과 사라에게 후한 접대와 보상을 해줍니다. 이러한 아비멜렉의 자세는 그가 진정으로 하나님을 두려하는 마음으로 아브라함을 후대하고 있음을 보여 줍니다.

> 아브라함에게 이르되 내 땅이 네 앞에 있으니 네가 보기에 좋은 대로 거주하라 하고 사라에게 이르되 내가 은 천 개를 네 오라비에게 주어서 그것으로 너와 함께 한 여러 사람 앞에서 네 수치를 가리게 하였노니(창 20:15-16).

이렇듯 아브라함의 변명과는 다르게 그랄 왕 아비멜렉과 그의 백성들은 하나님을 두려워할 줄 아는 사람이었습니다. 반면에 하나님을 두려워하기보다는 사람을 두려워하는 사람은 오히려 아브라함임을 알 수 있습니다. 자신의 목숨을 보존하고 곤경에서 빠져나오기 위해 하나님의 약속을 저버리고 자신의 아내까지도 넘기는 아브라함의 믿음 없는 모습은 정작 그가 하나님에 대한 두려움보다도 사람을 더 두려워하고 있음을 보여 주는 것입니다. 그러나 하나님은 이렇게 부족한 아브라함을 끝까지 사용하십니다. 이것을 잘 보여 주는 장면이 바로 아비멜렉을 향한 아브라함의 기도입니다.

성경은 아비멜렉의 온 집에 태가 닫혀있었다고 말합니다. 즉, 그랄 왕 아비멜렉에게 그를 이을 후사가 없었다는 것입니다. 이것은 아비멜렉에게도 커다란 고통이었을 것입니다. 아마 한편으로는 이 후사에 대한 고통이 아비멜렉으로 하여금 이방의 늙은 여인인 사라를 취하게 한 원인이 되었을지도 모릅니다.

그런데 이 아비멜렉의 집에 막혀 있던 자녀의 태가 아브라함의 기도로 인하여 드디어 풀리게 되는 것을 볼 수 있습니다. 비록 여전히 믿음이 연약하고 부족한 아브라함이지만 그럼에도 불구하고 하나님은 아브라함을 통하여 일하시는 것입니다.

3. 소망을 주시는 하나님

그리고 여기에는 아브라함을 향한 하나님의 마지막 메시지가 남겨 있었습니다. 아브라함의 모습을 상상해 보십시오. 어찌되었던 그는 지금 하나님의 약속을 저버리고 하나님에 대한 신뢰를 잃어버린 상태였습니다. 과거에 하나님이 주셨던 자녀에 대한 약속과 땅에 대한 약속은 모두 아브라함에게는 먼 이야기처럼 들릴 뿐이었습니다. 그런데 하나님은 하나님을 향한 믿음이 한없이 옅어져 있던 아브라함의 기도를 통하여 이방 왕의 집에 막혀 있던 불임의 태를 열어주시는 것입니다.

이 아브라함의 기도가 응답된 까닭이 아브라함의 믿음이 뛰어나고 그가 정녕 하나님의 뜻에 합당한 사람이기 때문입니까?

아닙니다.

오히려 아브라함은 자신의 기도를 통해 그동안 아비멜렉의 집에 막혀 있던 태가 열린 것을 보고 무슨 생각을 했겠습니까?

믿음 없고 부족한 자신의 기도에도 불구하고 하나님이 이방 왕의 집에 태를 열어주시는 것을 통하여 아브라함은 다시 한 번 하나님에 대한 소망과 약속에 대해 생각하게 되었을 것입니다.

무지하고 연약한 자신의 기도를 들어 이방 땅 아비멜렉의 집에 태를 열어주신 사건을 통해, 아브라함은 하나님이 친히 약속하신 자녀를 주실 것이라는 소망을 다시 품게 된 것입니다. 그래서 앞으로 살펴볼 21장에서 우리는 드디어 하나님이 아브라함에게 약속하신 자녀가 탄생하게 되는 것을 볼 수 있습니다. 그러므로 20장은 이삭의 탄생을 준비하면서 오랜 기다림 끝에 어느새 소망의 끈이 옅어지고 믿음이 흔들리던 아브라함에게 하나님이 마지막으로 주시는 소망의 메시지인 것입니다.

오랜 시간 기다림에 지쳐 하나님을 떠나려 하던 아브라함에게 하나님은 그랄 땅의 아비멜렉 사건을 통하여 하나님이 항상 아브라함과 함께하시며 그에게 하신 약속을 신실하게 지키시는 분이라는 소망의 메시지를 전하셨습니다.

오늘날 우리도 신앙생활을 하다 보면 아무런 열매도 없어 보이는 오랜 기다림 속에서 점차 신앙의 끈이 옅어지는 경험을 할 때가 있습니다. 그러나 시간이 오래 걸린다고 해서 열매가 없는 것이 아닙니다. 단지 하나님의 때를 우리가 기다리지 못할 뿐입니다.

하나님은 오늘도 항상 아무런 소망과 열매가 없어 보이는 우리의 삶 속에서 하나님의 열매를 이루어 가고 계십니다. 항상 이 소망을 잊지 마시기를 바랍니다. 그리고 혹여나 오랜 기다림에 지치고 믿음이 흔들릴 수 있지만 그럼에도 불구하고 하나님은 다시 우리를 찾아와 일으키시고 다시 한 번 소망을 주신다는 사실을 기억하십시오. 하나님은 인간의 연약함과 실패를 뒤집는 분이십니다. 그러니 오직 하나님만을 믿고 의지하며 우리 삶의 여러 순간과 내가 속한 현장에서 우리에게 들려주시는 하나님의 음성을 들으시기를 바랍니다.

제 10 장

이삭의 탄생

1. 이루어 내시는 하나님

　아브라함이 하나님의 부르심을 따라 고향 우르를 떠나 가나안에 온 지 25년이 지났습니다. 75세라는 인생의 노년기에 새로운 여정을 떠난 아브라함의 인생에서 이 시간은 결코 짧은 시간이 아니었습니다. 그러나 이 긴 시간이 흐르는 동안에도 하나님이 아브라함에게 약속하셨던 땅과 자손은 그 어느 것 하나 제대로 이루어진 것이 없었습니다. 그는 여전히 변변한 자신의 땅 하나 소유하지 못했고, 자식이라고는 여종이었던 하갈을 통해서 얻은 이스마엘뿐이었습니다. 이미 나이가 들어 폐경이 온 사라를 통하여 자식을 주시겠다고 하신 하나님의 약속은 아브라함에게 무의미해 보였습니다.
　그리하여 그는 유일한 혈육인 이스마엘과 함께 자신의 마지막 여생을 보내기 위해 하나님이 약속하신 땅을 떠나 아비멜렉이 다스리는 그랄로 내려가기도 했습니다. 그러나 아브라함의 나이 100세가 되었을 때, 25년이라는 긴 세월의 기다림 끝에 드디어 하나님은 그에게 약속하신 자녀를 허락하십니다.

> 여호와께서 말씀하신 대로 사라를 돌보셨고 여호와께서 말씀하신 대로 사라에게 행하셨음으로 사라가 임신하고 하나님이 말씀하신 시기가 되어 노년의 아브라함에게 아들을 낳으니(창 21:1-2).

창세기 21장은 하나님이 오랜 기다림 끝에 아브라함에게 약속하신 이삭의 탄생을 이야기하면서 '하나님이 말씀하신대로'라는 말을 두 절에서 세 번이나 반복하여 말하는 것을 볼 수 있습니다. 이 말은 이삭의 탄생이 하나님이 아브라함에게 약속하신 약속의 결과임을 강조하는 말입니다. 쉽게 말해서 다음과 같은 말입니다.

'봐라, 내가 약속하지 않았냐? 내가 말 한 대로 됐지?'

그리고 성경은 5절에서 이삭이 태어날 당시 아브라함의 나이가 100세였다고 다시 한 번 아브라함의 나이를 강조해줍니다. 이는 75세에 아브라함이 고향을 떠난 뒤로 하나님의 약속이 그에게 이루어질 때까지 25년이라는 세월이 흘렀음을 강조하는 것입니다.

말이 25년이지 생각해 보십시오. 인간에게 있어서 25년은 결코 짧은 시간이 아닙니다. 더군다나 25년의 세월이 흐르는 가운데 자녀를 생산할 수 있는 육체의 기능이 사라진 때라면 이 기다림은 더욱 큰 좌절과 실망으로 다가올 수밖에 없었을 것입니다.

이러한 의미에서 아브라함의 모습을 두고 단순히 그의 믿음이 없었다고만 하기에는 무리가 있습니다. 오히려 우리는 아브라함의 믿음 없음보다도 아브라함과 사라에게 25년이라는 긴 기다림을 허락하신 하나님께 초점을 두어야 합니다.

하나님이 우리에게 허락하시는 시간은 우리의 생각과 전혀 다를 수 있습니다. 우리는 간혹 하나님을 믿으면 머지않아 우리의 인생이 완전히 다르게 바뀔 것이라 기대하곤 합니다. 혹은 하나님이 나를 부르신 곳에서 머지않아 엄청난 변화와 이적이 일어날 것이라 생각하기도 합니다. 하지만 현실은 결코 그렇지 않습니다. 오히려 하나님을 믿고 시간이 흘러도 인생에 있어서 눈에 띄는 어떠한 변화가 보이지 않을 때가 더 많습니다.

그러나 분명한 것은 우리가 기대하는 변화가 당장에 보이지 않는다 할지라도 하나님은 여전히 일하고 계시다는 것입니다. 하나님은 분명히 하나님의 때에 하나님의 일을 하십니다. 단지 그 시간이 우리의 기대와 다를 뿐입니다. 결국 믿음의 문제는 우리의 기대와 하나님의 시간의 간극 사이에서 발생하는 것을 볼 수 있습니다.

아브라함도 마찬가지였습니다. 그가 생각하고 기대하던 시간과 하나님이 계획하시던 시간의 간극 속에서 그는 믿음이 흔들리기도 하고 좌절하기도 했습니다. 그러나 하나님은 그의 흔들리는 믿음과 연약함을 뚫고 하나님의 일을 해 나가십니다. 이것이 신실하신 하나님이 일하시는 방법입니다.

바로 이 하나님의 신실하심을 가장 잘 보여 주는 장면 중 하나가 이삭의 탄생입니다. 하나님은 25년이라는 긴 아브라함 인생의 인고의 시간 속에서 하나님이 약속하신 자녀 이삭을 아브라함의 나이 100세 때에 드디어 허락하신 것입니다.

이때 아브라함의 심정이 어떠했겠습니까?

그에게 있어서 이삭의 탄생은 그동안 그가 가져왔던 하나님을 향한 의심과 믿음의 연약함을 깨뜨리는 새로운 믿음의 신호탄이 되었을 것이 분명합니다.

그런데 성경은 창세기 21장에서 아브라함의 신앙 여정에서 가장 중요해 보이는 이삭의 탄생은 짧은 설명으로 끝을 맺고 도리어 언뜻 보기에 전혀 중요해 보이지 않는 이스마엘과 그랄 왕 아비멜렉의 이야기를 긴 호흡에 걸쳐 소개하는 것을 볼 수 있습니다. 그러나 사실, 굳이 자세한 이야기를 하지 않아도 될 것 같아 보이는 이 두 이야기는 앞으로 등장할 아브라함 이야기의 절정인 22장을 준비하는 중요한 가교 역할을 하고 있습니다.

2. 믿음의 이별

지금처럼 의학이 발달하지 못하고 위생의 개념이 적었던 과거에는 태어난 지 얼마 되지 않은 신생아들이 병이나 불의의 사고로 죽음을 당하는 일이 종종 일어나곤 했습니다. 과거 한국만 해도 이와 비슷한 이유로 아이가 태어난 후 한 해 정도 늦게 출생 신고를 한 것을 알 수 있습니다. 고대 시대에도 마찬가지로 신생아가 병이나 사고로 인하여 죽음을 당하는 일이 빈번히 일어나곤 했습니다. 이에 일반적으로 아이가 태어난 후부터 젖을 떼는 세 살이 되면 아이가 건강하게 자라난 것을 기념하며 축제를 벌이곤 했습니다.

마찬가지로 아브라함이 노년에 어렵게 얻은 이삭이 건강하게 자라 젖을 떼던 날 아브라함의 집에서 큰 잔치가 열린 것은 당연한 일이었습니다. 그런데 이 잔치를 반기지 못했던 사람이 하나 있었으니 바로 과거 아브라함과 하갈 사이에서 태어난 이스마엘이었습니다. 이스마엘은 순서로만 따지만 집안의 장자였지만 자신보다 동생인 이삭이 집에서 더욱 사랑을 받고 관심을 받는 것에 질투를 느꼈을 것입니다. 그리고 이에 이스마엘은 어린 이삭을 괴롭히기 시작했습니다.

한글 성경에서 '놀리다'라고 번역된 히브리어는 '미쯔하크'로서 '조롱하다'라는 뜻을 가지고 있습니다. 그러니까 정확히는 이스마엘이 이삭을 조롱한 것입니다. 이스마엘이 이삭을 조롱한 내용에 대해서는 약간씩 견해가 다르지만, 일반적으로는 이스마엘 자신이 집안의 장자임을 드러내며 아버지의 유업을 자신이 이어 받을 것을 어린 이삭에게 자랑했던 것으로 이해하곤 합니다.

그런데 어느 날 사라가 이스마엘이 이삭을 조롱하는 장면을 보았습니다. 그리고 사라는 아브라함에게 달려가 이스마엘이 이삭을 조롱하던 내용을 이야기하며 이스마엘을 집에서 내보낼 것을 요구합니다. 비록 사라의 요구가 자식을 향한 어머니의 질투에서 비롯된 것이었을지라도, 적어도 그녀의 말 중에서 이스마엘이 아브라함의 기업을 얻을 자녀가 아니라는 말만큼은 맞는 말이었습니다. 이는 사라의 불 같은 요구에 근심하던 아브라함에게 찾아와 말씀하시는 하나님의 말씀을 통해서도 알 수 있습니다.

하나님은 이스마엘의 일로 머리를 싸매고 근심하는 아브라함에게 찾아와 이삭에게서 난 씨라야 약속의 자녀가 될 것을 분명히 말씀하십니다. 적어도 이스마엘과 이삭이 함께 기업을 받을 수는 없게 된 것입니다. 이에 결국 아브라함은 이스마엘을 떠나보내는 결정을 해야 하는 선택의 갈림길에 서게 되었습니다.

그런데 사실 이스마엘을 향한 아브라함의 고민은 단순히 자식을 떠나보내는 것을 넘어 그로 하여금 하나님을 향한 믿음을 요구하는 믿음의 선택이었습니다.

비록 종이었던 하갈의 자식이기는 했지만 이스마엘도 아브라함이 사랑하는 자녀였고 이삭이 나기 전까지만 해도 그의 유일한 소망이자 핏줄이었습니다. 그런데 이런 이스마엘을 정처도 없는 곳으로 떠나보낸다는 것은 아버지로서 결코 쉬운 일이 아니었습니다. 다음과 같은 수많은 걱정이 아브라함에게 밀려왔을 것입니다.

혹여나 이스마엘이 광야 길에서 굶주려 죽지는 않을까?

강도를 만나지는 않을까?

동물의 공격을 받지는 않을까?

이러한 아브라함의 모습을 두고 성경은 그가 이스마엘의 일로 인하여 '매우 근심했다'고 설명해 줍니다. 이는 이스마엘을 떠나보내기까지 그의 선택이 결코 쉽지 않았음을 보여 줍니다. 그런데 이때 근심 속에 있던 아브라함에게 찾아오신 하나님은 이스마엘을 내보낼 것을 명하시며 이스마엘도 하나님이 책임지고 번성하게 하실 것을 약속하십니다. 그리하여 아브라함은 하나님의 이러한 약속을 믿고 이스마엘을 보내기로 결심하게 됩니다.

이러한 아브라함의 모습을 우리는 14절을 통해서 볼 수 있습니다. 아브라함이 아침에 일찍이 일어나 이스마엘과 하갈을 떠나보내는 모습은 자칫 매정한 아버지의 모습으로 보일 수 있지만 사실 그보다는 하나님의 말씀에 순종하는 아브라함의 순종을 나타낸다고 할 수 있습니다.

하나님을 향한 아브라함의 이러한 순종을 잘 보여 주는 또 다른 장면이 있는데, 그것은 바로 이삭을 바치러 가는 아브라함의 모습을 설명하는 창세기 22장 3절입니다. 22장 3절은 이삭을 번제로 드리라는 하나님의 명령을 들은 아브라함이 취한 행동에 대한 설명입니다. 그런데 이때 우리는 이삭을 바치라는 하나님의 말씀에 대한 아브라함의 반응이 이스마엘을 떠나 보낼 때의 모습과 거의 비슷한 것을 알 수 있습니다.

> 아브라함이 아침에 일찍이 일어나 떡과 물 한 가죽 부대를 가져다가 하갈의 어깨에 메워 주고 이 아이를 데리고 가게 하니(창 21:14).

> 아브라함이 아침에 일찍이 일어나 나귀에 안장을 지우고 두 종과 그의 아들 이삭을 데리고 번제에 쓸 나무를 쪼개어 가지고 떠나 하나님이 자기에게 일러 주신 곳으로 가더니(창 22:3).

결국 아브라함으로 하여금 이스마엘을 떠나보낼 것을 요구하는 하나님의 명령은 아브라함의 믿음에 대한 작은 시험이었던 것입니다. 그가 진정으로 이스마엘을 향한 하나님의 약속을 믿고 있는지, 하나님을 신뢰하는지를 이스마엘과의 이별을 통하여 하나님이 시험하신 것입니다. 그리고 이 하나님의 명령에 아브라함이 순종으로 답하는 것을 우리는 볼 수 있습니다. 이스마엘 역시 그가 사랑하는 아들이고 그의 핏줄이었지만 이스마엘을 떠나보내라는 하나님의 명령에 아브라함이 믿음으로 순종하기 시작한 것입니다.

그리고 여기서 우리는 이전까지와는 다르게 아브라함의 믿음에 변화가 생기고 있음을 알 수 있습니다. 이전까지만 해도 하나님의 수많은 약속에도 불구하고 하나님께 온전히 순종하지 못했던 아브라함이 이제는 사랑하는 아들을 떠나보내면서까지 하나님께 순종하기 시작한 것입니다.

하지만 하나님의 시험은 여기서 끝이 아니었습니다. 이스마엘을 떠나보내라는 하나님의 작은 시험은 앞으로 다가올 더 큰 시험을 향한 전조에 불과했습니다. 그러면서 성경은 자연스레 이스마엘을 떠나보내는 아브라함의 순종을 통하여 '그렇다면 이삭은?'이라는, 앞으로 다가올 더 큰 시험을 향한 아브라함의 순종에 질문을 던져 줍니다.

3. 아브라함과 아비멜렉

이스마엘의 이야기가 하나님이 아브라함에게 약속하신 두 가지의 약속, 땅과 자녀 중에서 자녀에 대한 이야기였다면 아비멜렉의 이야기는 땅에 대한 이야기인 것을 알 수 있습니다. 성경은 이스마엘의 이야기 이후 새롭게 아비멜렉의 이야기를 시작하며 22절에서 '그 때에'라고 말합니다. 이 '그 때에'라는 말은 아비멜렉의 이야기가 아브라함이 하나님의 말씀에 따라 이스마엘을 떠나보내고 난 후 얼마 지나지 않아 일어난 사건이라는 것입니다.

즉, 성경은 이 '그 때에'라는 말을 통하여 이스마엘의 사건과 아비멜렉의 사건이 어떠한 공통점을 가지고 있음을 시사해 주고 있습니다. 그것은 바로 아브라함을 향한 하나님의 시험과 아브라함의 변화였습니다.

어느 날 그랄 왕 아비멜렉은 자신의 군대 장군 비골과 함께 아브라함을 찾아 왔습니다. 아비멜렉이 찾아온 목적은 아브라함과 어떠한 약조를 맺기 위해서였습니다. 그리고 그 약조의 내용은 아브라함뿐만 아니라 앞으로 그의 자손들이 아비멜렉과 그의 후손들에게 거짓되이 행하지 말아 달라는 것이었습니다.

이러한 아비멜렉의 요구는 앞선 20장에서 아브라함이 사라를 자신의 누이로 속인 것을 통하여 자칫 아비멜렉이 하나님께 화를 입을 뻔했던 사건을 가리킨다고 볼 수 있습니다. 한마디로 혹여나 자신이 죽은 이후에 자신의 후손들이 아브라함의 후손을 통하여 비슷한 일로라도 하나님께 화를 입지 않도록 약속해 달라는 것입니다. 이에 아브라함은 '내가 맹세하리라'라는 말 한마디만을 던지며 조금은 냉소적인 반응으로 대답합니다.

사실 아브라함의 대답이 냉소적인 이유가 있었습니다. 그것은 바로 아브라함의 우물을 과거 아비멜렉의 종들이 빼앗은 일이 있었기 때문입니다. 사막으로 이루어진 팔레스타인 지역에서 우물은 생명과 관련된 중요한 역할을 담당했습니다. 그래서 어느 지역의 우물을 소유한다는 것은 곧 그 지역을 소유한다는 것과 같은 의미를 가지곤 했습니다. 그런데 이 아브라함의 우물을 아비멜렉의 종들이 와서 빼앗아 버린 것입니다. 아브라함의 이야기를 들은 아비멜렉은 당황하며 자신은 전혀 몰랐던 일이라고 자신을 변호합니다.

그런데 이때 우리가 주목해야 할 것은 한 국가의 왕인 아비멜렉을 대하는 아브라함의 자세입니다. 지금 아비멜렉은 자신의 군대 장군까지 대동한 상태로 아브라함을 찾아왔습니다. 그런데 아비멜렉을 대하는 아브라함의 자세를 보면 그 모습이 전과는 많이 달라진 것을 알 수 있습니다. 앞선 창세기 20장만 해도 아브라함은 아비멜렉이 자신의 목숨을 빼앗지 않을까 하여 두려워 떨던 사람이었습니다.

그러던 아브라함의 모습이 지금은 어떻습니까?

아브라함은 군대 장관까지 대동하고 온 아비멜렉을 오히려 책망하고 그에게 다시는 같은 일이 발생하지 않도록 재발 방지의 언약까지 당당하게 요구합니다. 이러한 아브라함의 모습은 이전까지만 해도 상상할 수 없었던 모습이었습니다.

하지만 이삭의 탄생을 통하여 하나님의 신실하심을 경험한 후 아브라함의 믿음에 어떠한 변화가 생기기 시작했습니다. 바로 하나님을 향한 더 큰 믿음과 신뢰가 아브라함에게 쌓인 것입니다. 아브라함은 하나님이 소망이 없던 자신에게 이삭이라는 자식을 주셨던 것처럼 이 땅도 주실 것이라는 믿음으로 말미암아 한 나라의 왕인 아비멜렉을 책망하면서까지 당당하게 자신의 땅을 요구한 것입니다. 이에 아브라함과 아비멜렉은 당시 고대의 계약 방식에 따라 양과 소를 나눔으로써 상호 간에 약속합니다.

이때 우리는 아브라함이 특별히 7마리의 암양 새끼를 아비멜렉에게 더 주는 것으로 둘 사이에 언약이 체결되는 것을 볼 수 있습니다. 그런데 이 언약 체결식이 더욱 의미가 있는 것은 바로 이 언약이 아브라함이 가나안 땅에 온 이후 처음으로 공식적으로 자신의 땅을 소유하게 된 사건이기 때문입니다. 이전까지 아브라함은 가나안 땅에서 거주는 했을지 몰라도 어떠한 땅을 공식적으로 소유한 적은 없었습니다.

그런데 아비멜렉과 맺은 언약을 통하여 아브라함이 처음으로 가나안에 자신의 땅을 공식적으로 소유하게 된 것입니다. 그리고 여기에는 하나님을 향한 아브라함의 믿음이 있었습니다. 하나님이 이 땅을 자신에게 주실 것이라는 확신과 믿음이 아브라함으로 하여금 공식적으로 그 땅의 소유권을 한 나라의 왕인 아비멜렉에게 요구하게 한 것입니다. 그리고 가나안 땅에 온 이후 자신의 소유를 처음으로 인정받은 아브라함은 그 땅에 에셀나무를 심음으로 하나님을 예배하는 것을 볼 수 있습니다.

결국 21장에서 성경이 이삭의 탄생을 짧게 이야기한 후, 두 가지의 이야기 이스마엘과 아비멜렉의 이야기를 조금은 자세히 설명하는 것은 점차, 점차 변화되기 시작한 아브라함의 믿음을 보여 주기 위함임을 알 수 있습니다. 이전까지만 해도 연약해 보이기만 했던 그의 믿음이 이삭의 탄생 이후 큰 변화를 맞이하게 된 것입니다.

이러한 하나님을 향한 변화된 아브라함의 믿음은 비록 사랑하는 아들 이스마엘이었지만 하나님을 신뢰하는 마음으로 그를 떠나보내게 만들었고, 한때는 자신이 두려워했던 그랄 왕 아비멜렉에게는 당당하게 하나님이 약속하신 땅을 요구하도록 한 것입니다.

그리고 이렇게 변화된 아브라함의 모습은 그에게 이제 믿음의 시험은 끝이 나고 약속의 자손인 이삭과 함께 할 좋은 날만을 기대하도록 했을 것입니다. 하지만 모든 것이 끝난 것 같았던 그 때에 하나님의 진정한 시험이 그를 기다리고 있었습니다.

제11장

하나님의 바라보심

　창세기 22장은 1절에서 '그 일 후에'라는 말로 시작합니다. 여기서 '그 일 후에'라는 것은 앞선 21장의 두 가지 사건, 즉 이스마엘을 떠나보낸 사건과 아비멜렉에게 공식적으로 자신의 소유를 확인한 사건을 말합니다.

　이 두 사건들은 하나님을 향한 아브라함의 믿음을 확인하는 시간이었고, 아브라함으로 하여금 하나님이 자녀에 대한 약속과 땅에 대한 약속을 이루어주셨다는 것을 고백할 수 있는 시간이었습니다. 즉, 아브라함이 가나안 땅에 온 이후 처음으로 하나님의 약속을 누리며 평화를 맞이하던 때였던 것입니다. 그런데 모든 어려움이 끝나고 하나님의 약속이 완성된 것 같아 보이던 그 때 아브라함을 향한 하나님의 시험이 시작됩니다.

　성경은 드러내 놓고 1절에서 하나님이 아브라함을 시험하기 위하여 그를 불렀다고 이야기합니다. 성경에서 시험은 크게 두 가지의 의미로 사용되는 것을 볼 수 있습니다.

첫째, 누군가를 넘어뜨리기 위한 악의를 가진 시험입니다. 이 경우에는 영어로 '유혹하다'라는 뜻을 가진 'temptation'이 사용되곤 합니다. 사단이 광야에서 예수님이 당하신 시험이 바로 이 '유혹'의 시험이었습니다.

둘째, 또 하나의 시험은 우리가 흔히 잘 아는 'test'라는 뜻으로 쓰이는 시험입니다. 이 경우에는 상대방의 실력과 믿음이 어느 정도인지 가늠하기 위해서 쓰이는 시험이라고 할 수 있습니다. 창세기 22장에서 하나님이 아브라함에게 주신 시험이 바로 이 'test'의 뜻을 가진 시험이었습니다. 한마디로 하나님은 아브라함의 믿음의 정도와 척도를 확인코자 하신 것입니다.

하나님이 아브라함을 시험하시는 내용은 이스마엘을 떠나보내고 난 후 그에게 남은 유일한 혈육인 이삭을 제단에 번제로 바치라는 것이었습니다. 이는 과거 이스마엘을 떠나보내던 것과 비교해도 전혀 차원이 다른 문제였습니다. 왜냐하면 자식을 번제물로 직접 자신의 손으로 죽여 불태우라는 것이었기 때문입니다. 아브라함은 과거 이스마엘을 떠나보낼 때에도 매우 근심하던 사람이었습니다.

그런데 그의 생애에서 가장 귀한 자식인 이삭을 번제로 바치라고 하니 그의 심정이 어떠했겠습니까?

하지만 3절을 보면, 의외로 아브라함은 너무나 담담하게 곧바로 이삭을 데리고 하나님이 말씀하신 모리아 땅으로 떠납니다. 그는 이스마엘을 떠나보내기로 결심했던 때와 마찬가지로 아침 일찍이 일어나 두 종과 나귀를 데리고 번제에 쓰일 나무까지 준비한 채 하나님이 자신에게 알려주신 곳으로 떠나가는 것입니다.

> **아브라함이 아침에 일찍이 일어나 나귀에 안장을 지우고 두 종과 그의 아들 이삭을 데리고 번제에 쓸 나무를 쪼개어 가지고 떠나 하나님이 자기에게 일러주신 곳으로 가더니**(창 22:3).

이후 아브라함은 3일에 걸쳐 그가 거주하던 브엘세바에서 모리아 땅까지 대략 80킬로미터에 이르는 여정 길을 가게 됩니다. 그런데 이때 성경을 보면 하나님이 아브라함에게 이삭을 바치라고 말씀하신 이후부터 아브라함이 3일에 걸쳐 모리아 땅에 도착하기 전까지 아브라함의 심정이나 의문이나 대답에 대해서 하나도 소개되지 않습니다. 성경은 그저 하나님의 명령을 받은 아브라함이 3일 동안 모리아 산을 향하는 모습만을 담담하게 설명하고 있을 뿐입니다.

간혹 우리는 수많은 말이나 설명보다 담담한 침묵이 더 큰 의미로 다가오는 것을 보곤 합니다. 아브라함의 경우도 마찬가지였습니다. 아무 말없이 묵묵히 짐을 싸 3일 동안 모리아 땅으로 가는 아브라함의 모습 속에는 하나님을 향한 그의 수많은 질문과 생각과 의구심이 담겨져 있던 것입니다. 사실 아브라함이 모리아 땅까지 가는 여정 길은 3일이 채 걸리지 않는 거리였습니다. 빠르면 하루 반에서 이틀이 걸릴 거리를 그는 3일이라는 시간에 걸쳐 천천히 간 것입니다.

이는 아브라함이 하나님의 말씀 앞에 갈등하고 있었음을 보여 주는 것이 아닙니다. 오히려 아브라함에게 있어서 모리아 땅까지 이르는 3일의 여정 길은 그로 하여금 고향이었던 갈대아 우르를 떠나 지금껏 자신과 함께하신 하나님에 대해서 생각하고 고민하고 질문해 보는 깊은 영적인 시간이라 할 수 있습니다. 그리고 이 3일 동안의 고민과 질문 끝에 아브라함은 드디어 눈을 들어 하나님이 보내신 모리아 산을 바라봅니다.

> 제 삼일에 아브라함이 눈을 들어 그 곳을 멀리 바라본지라(창 22:4).

이 모습은 드디어 아브라함이 마음속으로 신앙의 중요한 결단을 내렸음을 보여 줍니다. 그리고 마음속으로 중대한 결단을 내린 아브라함은 모리아 산에 이르러 긴 침묵을 깨고 자신이 데리고 온 두 명의 종들에게 산 밑에서 기다리라고 말합니다. 그리고 이삭과 단 둘이만 산으로 올라갑니다. 이때 아브라함과 이삭이 하나님이 일러 주신 곳을 찾아 산을 올라가던 중 다시 한 번의 긴 침묵을 깨고 이삭이 질문을 하나 합니다. 그것은 바로, 번제를 드릴 때 쓰일 제물인 양이 어디 있냐는 질문이었습니다.

이때 아브라함이 무엇이라 대답합니까?

'하나님이 자기를 위하여 친히 준비하실 것이다'라고 말합니다.

> 아브라함이 이르되 내 아들아 번제할 어린 양은 하나님이 자기를 위하여 친히 준비하시리라 하고(창 22:8).

그런데 이때 한글 성경에 쓰인 '친히 준비하리라'라고 번역된 히브리어를 다르게 번역하면 '하나님이 보고 계신다'도 될 수 있습니다. 그러니까 이 뜻을 그대로 살리면 '하나님이 자기를 위한 어린 양을 보고 계신다'라는 말이 되는 것입니다.

그리고 긴 침묵을 깬 이삭의 질문에 대한 아브라함의 이 대답은 사실 아브라함 이야기의 클라이맥스인 22장 전체를 담아내는 대답이라고 할 수 있습니다. 앞서 말했듯이 22장은 많은 대화로 이루어지기보다 성경의 담담한 설명이 더욱 많은 것을 볼 수 있었습니다. 이러한 22장의 사건을 이끌어 가는 단어가 하나 있는데, 바로 '보다'라는 단어입니다.

창세기 22장의 시작에서 하나님이 아브라함을 보내시는 '모리아 땅'에서 이 '모리아'라는 단어는 '보다'라는 히브리어 '라아'에서 파생된 단어입니다. 그리고 아브라함도 3일이라는 긴 침묵의 여정 끝에 어떠한 결심을 한 후 하나님이 말씀하신 산을 '바라봅니다.' 이어 제물은 어디에 있는지 묻는 아들 이삭의 질문에 아브라함은 '하나님이 어린 양을 보고 계신다'라고 대답하는 것입니다. 성경은 이렇듯 반복되는 '보다'라는 단어를 통해서 아브라함이 자신의 신앙의 여정 길을 돌아보면서 중요한 사실을 하나 깨달았음을 보여 줍니다.

그것은 바로 하나님이 자신의 인생길을 계속 '보고 계셨다'는 것입니다. 비록 아브라함의 눈에는 보이지 않았지만, 어떤 때는 하나님이 침묵하시는 것 같고 숨어계시는 것 같았지만 하나님은 아브라함을 항상 보고 계셨다는 것입니다. 그가 연약할 때도, 넘어질 때도, 실수할 때도, 기뻐할 때도 하나님은 아브라함의 삶 속에서 그를 계속 보고 계셨던 것입니다. 하나님이 알려주신 모리아 땅까지 가는 3일이라는 짧고도 긴 침묵의 시간 속에서 아브라함이 깨달은 사실이 바로 이것이었습니다.

'아, 하나님은 단 한 순간도 빠짐없이 나의 모든 순간을 보고 계셨구나!'

그가 이 놀라운 은혜를 알게 된 것입니다. 그리고 하나님이 자신의 모든 인생길을 보고 계셨음을 깨달은 아브라함은 이삭을 번제로 바치라는 너무나 황당해 보이는 하나님의 말씀에도 순종하기로 결심한 것입니다.

드디어 하나님이 약속하신 곳에 이르러 제단을 쌓은 아브라함은 이삭을 제단에 묶고 난 후 칼로 그의 아들을 잡으려 했습니다. 그런데 이때 하늘에서 하나님의 사자의 다급한 소리가 들려오기 시작합니다.

> 여호와의 사자가 하늘에서부터 그를 불러 이르시되 아브라함아 아브라함아 하시는지라 아브라함이 이르되 내가 여기 있나이다 하매 (창 22:11).

그리고 다급히 아브라함을 부른 하나님의 사자는 이삭을 죽이려던 아브라함을 말리며 그에게 '내가 이제야 네가 하나님을 경외하는 줄 알았다'고 이야기합니다.

그런데 여기서 '경외하다'라는 말은 '야레'라는 히브리어로서 '두렵다'는 뜻을 가진 단어입니다. 그러므로 '이제야 네가 하나님을 경외하는 줄 알았다'는 사자의 말은 아브라함이 '이제야 하나님을 두려워하고 있음을 알았다'는 말도 되는 것입니다.

그렇습니다. 하나님께 부름 받은 이후부터 아브라함은 항상 하나님보다는 다른 것을 더 두려워하던 자였습니다. 그는 갑자기 찾아온 기근을 두려워했고, 애굽의 왕 바로를 두려워했으며, 자신에게 영영 자식이 없지는 않을까를 두려워했고, 자신의 집안에서 일어나는 갈등을 두려워했으며, 그랄 왕 아비멜렉을 두려워했습니다.

그의 인생길에서 두려움의 대상은 대부분 하나님보다는 자신이 처한 외부적인 상황과 환경이었습니다. 하지만 이랬던 아브라함이 신앙의 길을 조금씩 조금씩 걸어가며 점차 하나님을 알고 두려워하기 시작한 것입니다.

하나님을 두려워한다는 것은 단순히 하나님을 무서워한다는 것과는 다릅니다. 하나님을 두려워한다는 것은 세상을 향해서는 담대해지는 것을 뜻합니다. 반대로 우리가 세상을 두려워하는 이유는 바로 하나님을 두려워하지 않기 때문입니다. 하나님보다 세상의 시선과 세상의 위협이 더 두려운 것입니다.

결국 신앙의 싸움은 이 두 가지, 하나님을 두려워하느냐와 세상을 두려워하느냐의 싸움인 것을 알 수 있습니다. 아브라함도 처음에는 하나님보다는 세상을 더욱 두려워하던 자였습니다. 하지만 하나님은 그런 그의 인생을 오랜 시간 두고 보시고 그와 함께하시면서 그를 하나님을 두려워하는 자로 바꾸어 가신 것입니다. 그리고 이 아브라함의 믿음의 성숙과 변화가, 하나님의 시험에서 하나뿐인 자식 이삭까지도 아끼지 않고 번제로 바치면서 하나님께 순종하려 했던 아브라함의 모습으로 나타나게 된 것입니다.

우리는 지금껏 창세기 22장의 이야기를, 하나뿐인 자식 이삭을 바치는 아브라함의 모습에서 나타나는 아브라함의 순종과 믿음에만 너무 입각해서 바라보곤 했습니다. 그러나 22장은 단순히 아브라함의 순종 그 자체에 초점을 두고 있지 않습니다.

오히려 창세기 22장은 아브라함이 어떻게 그의 유일한 혈육이었던 하나 뿐인 아들 이삭을 제물로 바치면서까지 하나님 앞에 순종할 수 있었는지를 보여 줍니다. 즉, 갈대아 우르에서부터 시작된 그의 신앙 여정 길 전체를 보여 주는 한편의 드라마인 것입니다. 그리고 이 모든 과정의 주인공은 아브라함이 아니라 바로 하나님이셨습니다.

비록 아브라함에게 하나님은 보이지 않았을지 모르지만 하나님은 아브라함이 있는 모든 곳에서 아브라함의 모든 여정 길을 지켜보고 계셨고 그를 이끌어 가고 계셨습니다. 그리고 이 사실을 깨달은 아브라함이 드디어 세상을 뛰어넘어 하나님을 경외하기 시작한 것입니다.

오늘날에도 하나님은 우리의 삶 속에서 동일하게 역사하십니다. 비록 우리가 살아가다 보면 우리의 눈에 하나님이 보이지 않을 때가 있고 어떤 때는 하나님이 숨어계시는 것만 같을 때가 있지만 하나님은 보이지 않는 곳에서 항상 우리를 지켜보고 계시는 것입니다. 우리가 연약할 때도, 슬플 때도, 기쁠 때도, 힘들고 좌절할 때도, 우리에게 믿음의 시험이 밀려올 때도 하나님은 불꽃 같은 눈동자로 항상 우리를 바라보고 계시는 것입니다.

이것을 볼 수 있는 눈이 바로 믿음입니다. 그리고 우리가 이 믿음을 가지고 하나님을 볼 수 있게 될 때에 비로소 진정으로 하나님을 경외할 수 있게 되고 반대로 세상에 대해서는 담대하게 나갈 수 있게 되는 것입니다.

하나님은 하나님을 알지도 못했고 이방 땅에서 이방 신을 섬기며 자녀도 없이 저주받았던 인생과 같았던 아브라함을 이끌어 내어 그의 인생길을 살피시며 믿음의 조상으로 만들어 가신 것처럼, 지금 이 순간에도 저주받은 인생이요, 소망이 없던 우리의 삶을 아브라함과 같은 동일한 신앙의 여정 속에서 다듬어 가시며 만들어 가고 계십니다.

믿음이라는 것은 결국 하나님이 우리의 모든 인생을 지키시고 보호하시며 우리를 키우시고 바라보고 계셨다는 것을 깨닫는 것입니다. 아브라함은 수많은 믿음의 연단과 넘어짐과 우여곡절 끝에 하나님을 보게 되었습니다.

부디 이 하나님을 바라보시기를 바랍니다.

신앙은 내가 얼마나 하는가에 있는 것이 아니라 내가 얼마나 바라보는가에 있습니다. 행동은 볼 수 있을 때 하게 되는 것입니다.

믿음의 주요 또 온전하게 하시는 이인 예수를 바라보자(히 12:2).

부디 우리를 온전케 하시는 이인 예수를 바라볼 줄 아는 믿음의 눈을 가지시길 소망합니다.

아브라함, 믿음을 말하다
Abraham, Speaks Faith

2017년 12월 22일 초판 발행

지은이	조재욱
편 집	정희연, 곽진수
디자인	신봉규
펴낸곳	사)기독교문서선교회
등 록	제16-25호(1980. 1. 18)
주 소	서울시 서초구 방배로 68
전 화	02) 586-8761~3(본사) 031) 942-8761(영업부)
팩 스	02) 523-0131(본사) 031) 942-8763(영업부)
홈페이지	www.clcbook.com
이메일	clckor@gmail.com
온라인	기업은행 073-000308-04-020, 국민은행 043-01-0379-646
	예금주: 사)기독교문서선교회

ISBN 978-89-341-1740-7 (03230)

* 낙장 · 파본은 교환해 드립니다.

이 도서의 국립중앙도서관 출판시 도서목록(CIP)은 서지정보유통지원시스템 홈페이지(http://seoji.nl.go.kr)와 국가자료공동목록시스템(http://www.nl.go.kr/kolisnet)에서 이용하실 수 있습니다.
(CIP제어번호: CIP2017030556)